La philosophie en partage

Certaines présences sont bienfaisantes par leur seule manière, peut-être, d'occuper l'espace. Tel se montrait François Châtelet en quelque lieu qu'on l'ait rencontré : un coin de rue, une marche d'escalier, la boutique d'un boucher, une salle de cours ou de conférences. Du fait qu'il était là, l'espace cessait d'être neutre. Je ne sais trop comment dire la chose. J'ai toujours, en sa présence et dans sa proximité, éprouvé le sentiment qu'une sorte de boucle se formait, qui nous enveloppait tous deux dans un « intérieur » partagé, quelque chose comme un abri. Au-dehors, le monde allait son cours, inquiétant plutôt. Mais là, pour un temps, je me trouvais bien. Et j'en venais à penser que François était de ces gens qui portent toujours en eux de quoi protéger les autres, par leur seule manière de se tenir, leur façon singulière d'occuper le monde.

Les éclairer aussi. Son geste et sa parole étaient des signes d'accueil. De vous qui l'écoutiez à lui qui vous parlait, la distance était toujours pleine. Encore cet effet de boucle et d'enveloppement issu de sa présence. La parole qui occupait ce vide apparent instituait l'urgence d'un partage. Le sens de ce qui pouvait se penser et se dire se montrait là, à partir du regard, exigeant de devenir vôtre : le découvrir était maintenant votre affaire, François éclairait sans contraindre. Sans doute s'éclairait-il lui-même du même coup, atteignant l'autre par la seule abondance de sa nature, marque d'une générosité native. A tel point que, si j'avais à définir d'un mot son « caractère », je le nommerais « dépensier constitutionnel ». Toute parcimonie lui était impossible. Il ne gardait rien pour lui seul, ni ses forces vitales, ni ses pensées, ni son savoir. François était l'homme de l'offrande. En cela, je le dirai « philosophe », au sens premier du mot. Qu'est-ce que la philosophie en effet, sinon cet entêtement dans la dépense du penser qui rassemble, exprime et offre en partage, donnant ainsi toujours et sans répit « de quoi penser » à qui veut entendre ? J'ajoute qu'il y avait chez François quelque chose de plus : l'effet de boucle et d'abri, précisément, qui mettait, sans même qu'il ait à y prendre garde, l'autre en posture de l'entendre.

Certains appellent cela le « talent pédagogique ». Mais le talent n'est qu'un effet subalterne et que l'artifice doit toujours renforcer. Dans le cas de François, l'artifice était inutile : la présence de la parole vivante, à elle seule, entraînait l'écoute. Et du fait de cette écoute, dans la proximité de ce seul corps, la Philosophie, s'exposant en discours, exigeait d'être recueillie, et donc partagée.

Ce que nous apprenons de Châtelet, c'est que la philosophie est, en son fond, une activité corporelle et, de part en part, pratique. Et il le faut bien, puisque le philosophe ne peut atteindre l'autre, dans sa parole, qu'en s'exposant lui-même comme sujet parlant, sujet visible et, en dernier ressort, public.

Dès lors, il faut assumer les risques que cela appelle. C'est-à-dire accepter de s'exposer dans le cours du monde et devant le public, au grand jour. Pas de retrait frileux dans la jouissance hautaine d'une pensée solitaire. Mais juste le contraire : porter la pensée sur la place publique, là où vit tout le bruit du monde et où la validité de ce qui peut se passer doit sans cesse, pour survivre, être mise à l'épreuve de la communication.

Je ne dirai donc pas de Châtelet qu'il a été un philosophe « engagé ». Je n'aime pas ce mot, avec son petit air militaire qui ne convient pas à la philosophie. Je dirai qu'il était un philosophe exposé, et qui a pris tous les risques que cela appelle. Il a refusé de laisser le cours du monde s'en aller au fil de l'eau. Il y est intervenu en tant que sujet pensant, ce qui nécessairement devait le conduire à prendre parti et à se battre. Et il a pris parti contre toute injustice, d'où qu'elle vienne. Ce qui était difficile en ce temps où le monde semblait divisé en deux camps dont aucun n'était, à lui seul, porteur de justice et de vérité.

D'un mot, je dirai que sa passion principale était de publier le vrai. « Publier » est à prendre ici en son sens fort : donner à partager au plus grand nombre. En cela, il lui arrivait d'irriter les gens de la « corporation philosophique ». Je ne crois pas qu'il en ait éprouvé le moindre souci. Il a eu raison, comme Socrate, d'obéir à son « démon », quitte à bouleverser l'institution en multipliant les lieux d'intervention philosophique.

Dans le domaine de la pensée, l'intempestif est toujours fructueux, du fait même qu'il dérange, pourvu du moins qu'il sauvegarde l'essentiel : l'entêtement dans le travail d'éclaircissement. A cette exigence d'éclaircissement, Châtelet est toujours resté fidèle, comme à son « démon ». Et c'était peut-être bien lui, ce « démon », qui habitait la présence de son corps et la déployait, comme une puissance de communication et d'abri.

François est parti, maintenant, et son « démon » habite seulement les écrits qu'il nous a laissés. Il y vit et y parle. On l'entendra dans les textes qui vont suivre, transcription d'une parole qui fut vivante. Il nous raconte quelque chose comme une histoire de la rationalité dont nous vivons encore, depuis ses origines grecques, à travers ses crises, ses révolutions, ses emportements et aussi ses impasses, chaque fois cependant surmontées. Décidément, ce « démon » aime la lumière. Mais il aime surtout la donner en partage. Et c'est bien dans cet esprit que Châtelet aimait et pratiquait l'Histoire. On a dit de la Mathématique qu'elle est la sœur jumelle de la Philosophie. L'Histoire en est une autre, dans ce qu'elle donne à partager : le chemin, le long parcours, les promesses d'avenir qui vivent dans les traces de ce qui a été, quand bien même elles seraient recouvertes et partiellement oubliées.

Toute remémoration est appropriation, c'est-à-dire germe de la pensée qui s'ouvre sur un futur exigé.

C'est à ce travail que nous invite, il me semble, le « démon » qui parle encore dans ces textes de François Châtelet. Encore une offrande qu'il nous faut accueillir.

Jean-Toussaint Desanti
1992

Présentation

Prétendre faire une histoire de la philosophie en huit causeries tenait de la gageure. François Châtelet a souri à notre demande. Avec gentillesse, il a suggéré d'esquisser, « à la rigueur », les grandes étapes de la rationalité, une sorte de rapide parcours de la raison occidentale, à destination des non-philosophes.

C'était déjà un pari ambitieux. Une approche de la rationalité occidentale suppose un réenracinement, un effort pour se réapproprier la raison à partir d'une origine qui se désigne elle-même traditionnellement : la Grèce.

François Châtelet se défend de faire, ici, une histoire générale de la rationalité. Il y a plusieurs formes de rationalités de par le monde. Il ne traite que de ce qui sous-tend notre façon de penser, dans cette civilisation dite « occidentale », et à travers les étapes qui lui paraissent charnières. Par exemple, après avoir parlé de la Grèce, il saute vingt siècles et enchaîne sur Galilée. Il s'exclame : « C'est scandaleux ce que je viens de faire ! Mais, dans ce pari, je suis obligé d'extraire les enjeux fondamentaux. » Il lui faut ainsi aller au fond des choses, expliciter son propre engagement philosophique. Au fond, il est parti d'un trait constitutif de notre temps : la rationalité technique, celle du monde industriel.

Il se pose la question : comment se fait-il qu'on en soit arrivé là ?

Se réenraciner, se réapproprier le trajet pour comprendre d'où *cela* vient. Voilà le projet de François Châtelet. Démarche ambitieuse donc, mais fixant, en même temps, ses propres limites : il ne sera question que de la *raison d'Occident.*

Cela pose le problème d'une définition de la raison et du niveau de discours qui permette non une « vulgarisation » de la philosophie, mais plus justement une « publication », au sens propre. Rendre la philosophie publique en lui faisant parler le langage commun.

Le discours philosophique public doit être un discours incitatif, un discours qui parle la vie et suscite la participation de l'auditeur. Cela, François Châtelet sait le faire. Il évite dans la mesure du possible les termes compliqués – ou alors il les commente. On pourrait dire qu'il parle la philosophie avec les deux mille mots de Racine.

Il commence donc avec Socrate, Platon, Aristote. Car le commencement se désigne en fonction de ce qui a toujours été repris dans la continuité du passé. Or, jusqu'à Emmanuel Kant, ce furent Platon et Aristote, avec l'ombre de Socrate. L'histoire de la raison est un peu l'histoire de ces réanimations successives : la naissance de la démocratie, l'importance de la parole, l'hypothèse des *Idées*, le passage de la persuasion à la recherche de la vérité.

Nous voilà déjà avec Galilée. Était-il légitime de sauter deux mille ans ?

Lorsque Galilée commence ses leçons à Padoue, il explique Aristote, le *Traité du ciel.* Il critique la conception aristotélicienne de poids. Comment ? En utilisant des raisonnements sur l'hydrostatique qu'il est allé chercher... dans Archimède, le *Traité des corps flottants*. La filiation s'impose en même temps que la prise de distance. Quand le même Galilée affirme que la nature parle le langage des figures et des nombres, on peut le penser platonicien ou pythagoricien. Mais l'idée fondamentale qui se profile, qui va fonder toute la science occidentale, c'est que derrière le compliqué visible du monde il y a du simple invisible. Avec Galilée, Descartes, Kepler, le rapport de l'observation et de l'expérimentation avec la théorie s'impose de façon décisive. Cette idée d'expérimentation, déjà présente chez Aristote, développée par Bacon, devient dans la pensée moderne, par sa rigueur et ses références, le lieu même de la démonstration.

Mais la démonstration a beau être au-dessus de tout soupçon, comment faire passer ces idées ? La vérité ne s'impose pas d'elle-même. Toute théorie scientifique, si raffinée, si précise soit-elle, échoue si elle ne s'insère pas dans la stratification de la culture où elle apparaît. Alors Galilée se fait stratège. Il écrit les *Discours et Démonstrations* pour la rigueur et les *Dialogues sur les deux principaux systèmes du monde* pour la persuasion.

Parallèlement, la stratégie politique est à l'œuvre avec Machiavel. Au moment où le travail galiléen en finit avec le monde aristotélicien du supra-lunaire et du sub-lunaire et unifie l'Univers en le soumettant aux mêmes lois de la mécanique, comme par un effet de miroir Machiavel instaure une dissociation dans le monde politique entre le pouvoir divin et le pouvoir temporel. Une philosophie politique se fonde, tendant à ce que les rapports entre les hommes soient régis par la raison. Le souci d'efficacité dans ce domaine politique fait pendant à la vérification expérimentale en science.

Encore un saut : Emmanuel Kant. Un nouveau parallèle se dessine. Descartes s'était fait l'« administrateur » de la pensée de Galilée, Kant joue un rôle semblable sur le travail de Newton. Au fond, entre Galilée et Kant, il y a Newton, l'essor de la mécanique rationnelle, qui va s'épanouir dans la mécanique céleste de Laplace et la mécanique analytique de Lagrange.

Appropriation du savoir, appropriation explicite des Lumières, Kant marque un tournant. Il n'est pas l'héritier de Descartes. On disait avant lui, face au discours de vérité du Dieu parfait créateur : comment se fait-il qu'il y a de l'erreur ? Kant demande : comment se fait-il qu'il y a du vrai ? Grand lecteur, il pose le principe du rapport d'extériorité de la philosophie aux disciplines sur lesquelles elle réfléchit et instaure l'*esprit critique* comme instrument. Le réel est voilé par nature, il est dans le phénomène. L'objet kantien est phénoménal.

La philosophie allemande de la fin du XIXe siècle se demande comment penser Kant. Il a épuisé la philosophie. Si on le prend au sérieux, il n'y a plus de métaphysique possible. Comment franchir l'impasse ? Hegel relève le défi.

Avec la Révolution française, l'Empire, tout l'ébranlement de l'Europe, l'histoire acquiert une densité inconnue jusqu'alors. Hegel refonde une pensée sur un gouffre de la pensée en inscrivant la philosophie dans ce nouvel horizon, celui de l'histoire, pour en écrire la fin. C'est à la fois le génie et le péché d'orgueil de la philosophie. Oser prétendre donner le savoir absolu en un livre ne marque pas seulement un manque de modestie mais, plus gravement, un manque d'humour. Édifice où viendront rejaillir le rire sarcastique de Nietzsche et se creuser l'abîme de l'inconscient freudien.

Au fur et à mesure que nous approcherons de l'époque contemporaine, la philosophie devra compter avec les sciences humaines et sociales. Ainsi, le marxisme s'infiltre dans la pensée philosophique avec la volonté, quelquefois exorbitante, de la vider de son contenu. Ainsi, la psychanalyse, qui, à travers sa métapsychologie, tend à penser que la philosophie en tant que telle n'a plus lieu d'être.

Les hommes vivent dans le malheur, comment les en sortir ? A cette question posée depuis Platon, Nietzsche répond : Avec les « idées » vous évitez peut-être le malheur mais vous ne vivez pas. La bonne question n'est pas : est-ce que cela est vrai ?, mais : qu'est-ce que cela vaut ?

De nos jours, la philosophie reprendrait-elle du terrain vis-à-vis de ces sciences humaines et sociales, ou bien son compte serait-il bon ?

Qu'est-ce qu'une philosophie qui n'essaie pas de penser son temps ? Réponse : la philosophie n'a pas d'objet propre. Elle doit questionner son époque en liaison avec les savoirs qui se constituent, y compris avec les approximations et les incertitudes que cela comporte. Il faut assumer cela. Dans la mesure où notre culture est en état d'inachèvement, par nature, il y aura toujours ce mode d'insertion dans l'inachevé qu'est la philosophie. Quant à la question de l'être, personne n'a jamais eu affaire à l'être *stricto sensu*.

Quoi qu'il en soit, on ne peut plus, après Freud, faire de la philosophie comme avant, le concept d'inconscient est un apport incontournable de la psychanalyse à la philosophie, qui ne peut plus considérer cette pensée « pure », coupée de l'affect...

De même, quoi qu'il arrive au marxisme aujourd'hui, on ne peut pas nier son apport. Si l'on veut bien se rappeler que ces conversations avec François Châtelet datent de 1979, on ne peut qu'être frappé par la signification actuelle de ce qu'il dit. Il y a treize ans, ce n'était pas l'évidence.

La raison ne doit pas être confondue avec l'entendement, ou faculté de comprendre. Cette faculté appelle chez François Châtelet le désir de transmettre. C'est cela qui animait cet universitaire, ce journaliste, ce pamphlétaire, cet enseignant à l'engagement quotidien ayant consacré sa vie à ceci : la transmission de la philosophie.

Il y avait la voix de François Châtelet, son timbre, son rythme de parole, qui ont fait la séduction de ses causeries radiophoniques diffusées sur France Culture à l'adresse d'auditeurs néophytes.

Il y a ce texte, où nous avons essayé de conserver sa présence chaleureuse, dans la mesure permise par la transcription, à l'adresse du lecteur non philosophe. Ce qui ne veut pas dire que le philosophe n'y prendra pas plaisir et, qui sait, n'y redécouvrira pas l'émerveillement de l'éveil à la philosophie.

Émile Noël

Remerciements à Thierry Marchaisse pour son aide précieuse dans l'établissement des citations.

1. L'invention de la raison

ÉMILE NOËL : La philosophie est un objet trop vaste pour espérer pouvoir en faire le tour dans un projet de dimension aussi limitée que le nôtre. Aussi allons-nous nous en tenir à la raison. Mais c'est déjà un programme très ambitieux. L'essentiel de notre philosophie occidentale, européenne, ne tient-il pas dans cette progression vers la rationalité ?

D'abord, la raison est-elle inhérente à la pensée ou bien a-t-elle été « inventée » ? L'humanité a-t-elle fait apparaître, à un moment de son histoire, un genre culturel inconnu jusque-là, dont le principe serait la pensée rationnelle et définirait ce qu'on appelle la philosophie ?

FRANÇOIS CHÂTELET : Je crois qu'on peut parler d'une invention de la raison. Et pour comprendre comment la philosophie a pu surgir comme genre culturel nouveau, je choisirai de me référer à une situation privilégiée : la Grèce classique. Ce n'est pas que je pense que toute philosophie soit grecque. Mais il est clair que la Grèce a connu, pour des raisons contingentes, historiques, des événements tels que des hommes ont pu faire apparaître ce genre original qui n'avait pas d'équivalent à l'époque. Il s'est imposé dans un débat avec d'autres genres culturels qui cherchaient, eux aussi, la prééminence. Et il se trouve que, pour d'autres raisons contingentes – on verra comment par la suite –, il a connu un succès étonnant.

> Succès culturel, mais avec quel impact sur la réalité ! Marx dit, dans les *Thèses sur Feuerbach*, que la philosophie regarde le monde, mais ne le transforme pas.

Eh bien, je crois qu'il a dit une bêtise. Les philosophes ont transformé le monde. Ils l'ont voulu et ont réussi. Pas directement, bien sûr, mais parce que leurs idées ont influencé les élites et les masses. Les idées philosophiques sont passées dans le réel. D'où l'intérêt de savoir comment le projet philosophique est né et comment il s'est consolidé. Visitons ce sol premier de la cité grecque, plus exactement de la démocratie athénienne, pour voir dans quelles conditions cette idée a pu apparaître.

Nous sommes au ve siècle avant notre ère. La Grèce est partagée entre le pouvoir de multiples cités, certaines très petites – de la taille de la commune de Montmartre, par exemple –, d'autres plus grandes – de la superficie du département de la Seine-et-Marne. La plus étendue est Sparte. Ces cités ont en commun des dieux, une culture, une langue. Mais elles sont rivales. Elles se font la guerre malgré la menace de l'invasion barbare qui pèse constamment sur elles. Ces cités ont créé des colonies qui, très vite, conquièrent leur indépendance et font souffler un esprit nouveau. Il a fallu élaborer de toutes pièces un urbanisme, construire des villes, instituer des constitutions, et la pensée traditionnelle s'en trouve soumise à rude épreuve. Pour ces colonies, la tradition ne suffit plus. Cet esprit remonte vers le centre et, dès le vi^e^ siècle, toutes ces cités sont secouées par un vent de renouveau. C'est particulièrement vrai pour Athènes, où des hommes vont inventer ce qu'on appellera la « démocratie ». A l'époque, la démocratie se définit essentiellement par l'égalité. Tous les citoyens, quels qu'ils soient, quelles que soient leur fortune, leur origine, l'ancienneté de leur famille, tous sont égaux devant la loi. Ils ont le même droit à intervenir devant les tribunaux et à prendre la parole dans les assemblées où l'on délibère du destin collectif.

On imagine l'impact d'un tel changement sur la culture traditionnelle.

En effet, en démocratie la parole devient reine. Jusqu'alors les décisions étaient en général prises dans le secret par les aristocrates. Les familles nobles délibéraient puis annonçaient au public la décision prise pour l'ensemble de la collectivité. Dans ces cités traditionnelles, l'éducation était surtout morale et militaire. On accordait peu de prix à la parole. On parle peu et, quand on parle, on récite les vieux poèmes traditionnels qui glorifient les origines mystérieuses de la ville. Dans la cité démocratique la parole va s'imposer et celui qui la maîtrise va dominer.

Situons-nous donc à Athènes, au début du ve siècle.

La ville a pris une importance considérable. Les Barbares venus de Perse se sont abattus par deux fois – en 490 et en 480 – sur la péninsule et, par deux fois, c'est la jeune cité d'Athènes qui a mené le combat le plus résolu contre cette invasion. Jusqu'alors, elle n'avait guère eu d'importance. Lorsque les Barbares sont définitivement repoussés – après Salamine –, Athènes devient un pouvoir important sur lequel les yeux se fixent. La démocratie athénienne, alors, se manifeste comme un modèle. On peut dire que, parti d'Athènes, le goût de la parole gagne la Grèce entière. En même temps naissent des techniques, des arts. J'ai envie de jouer les pédants et d'employer le mot grec que l'on utilisait à l'époque, le mot *tekhnê*. Dans *tekhnê*, il y a à la fois l'idée de technique, d'un savoir-faire appliqué, mais aussi l'idée d'un art, d'une invention, d'une production originale. Il m'arrivera certainement d'avoir à employer ce mot pour bien marquer ces deux aspects à la fois de pratique et d'invention individuelle. Ce développement de la parole va entraîner la naissance de techniques particulières, qu'on appellera plus tard la « rhétorique ». Pour avoir sa chance dans une pareille cité, il faut savoir parler, savoir convaincre. Comme il est arrivé maintes fois dans d'autres civilisations, l'apparition d'une *tekhnê* engendre la naissance d'une profession. La démocratie athénienne a besoin d'*instituteurs*, de gens capables d'apprendre aux autres à bien parler, à manier habilement les arguments de façon à convaincre soit dans les tribunaux, qui traitent des affaires privées, soit dans les assemblées, qui traitent des affaires publiques. Savoir convaincre que telle position est meilleure que telle autre devient capital.

Platon – qui vient un peu après, à la fin du siècle – nous parle de ces *instituteurs* de la démocratie. Il les appelle, d'un terme qui a pris, à cause de lui, une nuance péjorative, des « sophistes ».

> Il est vrai que pour nous, aujourd'hui, cela désigne plutôt un personnage de mauvais aloi qui utilise des arguties douteuses pour éviter de traiter sérieusement les problèmes.

En fait, étymologiquement, « sophiste » veut simplement dire « intellectuel qui sait parler », qui a la maîtrise du langage. Cette génération de sophistes vient d'ailleurs surtout de l'extérieur. Platon dit d'eux que ce sont des gens qui ont l'accent du Sud. (Cela fait un peu penser à ces grands ténors de la IIIe République, avant la Première Guerre mondiale, qui venaient tous du Midi.) Ce sont des gens au langage sonore, dit Platon, qui s'installent à Athènes, ouvrent des écoles d'éloquence qui sont en même temps – j'insiste sur ce fait – des écoles de politique. Donc, après la deuxième guerre médique, lorsqu'on est à peu près tranquille du côté des Barbares, Athènes devient une cité puissante qui se constitue un empire et renforce son régime démocratique.

> Un nom reste attaché à cette période, celui de Périclès. On parle du « siècle de Périclès ».

Je rappellerai, ironie de l'histoire, que ce « siècle » a duré trente ans. Mais on a raison de le qualifier de « siècle », tant il s'est passé de choses en trente ans. Dans l'Athènes péricléenne, il se produit une véritable accélération de l'histoire. En réalité, il y a deux forces en présence. En face des sophistes se maintient la vieille tradition religieuse. Pour ne parler que des aspects culturels, un certain nombre d'aristocrates, qui aiment Athènes, pensent que la ville s'engage dans une voie dangereuse. A leurs yeux, elle se livre à une débauche de dépenses et à un impérialisme quelquefois cruel. Elle s'adonne d'une manière éhontée au commerce et à la recherche du profit. Effectivement, dans cette démocratie athénienne, le goût de la puissance pour la puissance peut inquiéter certains. Cette tradition trouve un écho parmi les grands poètes tragiques. D'une certaine manière, Eschyle, tout en modernisant la tradition, maintient le flambeau de la vieille conception du monde où les dieux sont omniprésents et où il faut prendre garde à ne pas les choquer. Contre cette tradition se développe donc la pensée sophistique, de ces hommes que nous appellerions volontiers aujourd'hui – mais ce serait évidemment un anachronisme – des « progressistes », à ce détail près que les Grecs n'ont pas l'idée de progrès. Ils pensent que l'humanité repasse toujours par le même cycle. Nous aurons l'occasion de revenir sur cette problématique avec Aristote. Entre ces deux forces qui se

Platon, *Le Banquet* (216-217), in *Œuvres complètes*, t. I, Gallimard, « Bibl. de la Pléiade », p. 755 (trad. Léon Robin).

(Alcibiade, ivre, fait le portrait de Socrate en sa présence et en public.)
Sachez-le bien en effet, nul de vous ne connaît cet homme-là ; mais moi je vais vous le dévoiler. Socrate, c'est un fait que vous constatez, est à l'égard des beaux garçons en amoureuses dispositions, il tourne autour d'eux, il en est transporté. C'est un autre fait encore qu'il ignore toute chose, qu'il ne sait rien, c'est un air qu'il se donne ! Ces façons ne sont-elles pas d'un Silène ? Tout ce qu'il y a de plus, ma parole ! Cela en effet, c'est l'enveloppe extérieure du personnage, comme est le Silène sculpté. Mais à l'intérieur, une fois qu'on l'a ouvert, de quelle quantité de sagesse il est plein, vous le figurez-vous, camarades buveurs ?
Sachez-le : on peut être beau, cela ne l'intéresse en rien, il fait fi de cela à un degré totalement inimaginable ; on peut être riche, on peut posséder tel autre avantage envié de la multitude, tous ces biens, à son jugement, ne sont d'aucun prix, et nous, nous ne lui sommes rien ! Oui c'est à vous que je m'adresse ! Or à faire ainsi, dans ses relations avec autrui, le naïf et le plaisantin, il passe sa vie entière.
Mais, quand il est sérieux et que le Silène a été ouvert, y a-t-il ici quelqu'un qui y ait vu les figurines de Divinités qui sont à l'intérieur ? Je l'ignore, mais à moi, déjà, il m'est arrivé de les voir, et je les ai trouvées à tel point divines et toutes d'or, à tel point superbes et merveilleuses, que je n'avais plus, en bref, qu'à faire tout ce que m'ordonnerait Socrate !

combattent - une tradition vieillissante et glorieuse, qui ne fait plus face aux demandes de la réalité et de la société, et une nouvelle pensée peut-être un peu trop soumise à cette demande et qui la satisfait trop facilement –, entre les deux se manifeste un étrange personnage : Socrate.

> Mais Socrate, à sa manière, est un sophiste. Seulement, contrairement à ses collègues habiles dans l'art de parler, lui n'ouvre pas d'école et ne demande pas d'argent à ses interlocuteurs. Il prétend parler au nom de son *daimôn*, de son génie personnel.

Il prétend parler parce que cela lui fait plaisir et qu'il a trop de peine lorsqu'il voit ses concitoyens se laisser aller à l'immoralité et au goût du luxe. Socrate se promène dans la ville, accomplit sérieusement, mais sans excès, son métier de citoyen. Il combat, lorsqu'il faut combattre, dans la ligne armée des hoplites athéniens, il siège dans les tribunaux lorsqu'il faut y siéger, mais il n'a pas de métier. Son métier, c'est de parler avec ses concitoyens. Il vit de très peu. Il n'a pas besoin d'argent. Il développe une violente critique à la fois contre la tradition et contre l'état d'esprit sophistique. Il montre à tous ces professionnels qui occupent une position importante dans la configuration sociale qu'ils croient savoir et qu'ils ne savent rien. A cet égard, pour comprendre le personnage de Socrate, il est utile d'évoquer un des dialogues que Platon a rapportés le concernant. C'est un dialogue simple qui s'appelle le *Lachès*. Lachès est un vieux général, bien connu des Athéniens, qui s'est illustré dans des batailles célèbres. Le dialogue commence - c'est une comédie, un dialogue socratique dans le langage de Platon est une véritable pièce de théâtre - par la demande de deux pères de famille qui viennent interroger Lachès et Nicias – Nicias est un autre stratège athénien, beaucoup plus jeune. C'est un homme politique, ce que n'est pas du tout Lachès. Les deux pères de famille les interrogent donc pour savoir s'il faut faire donner des leçons d'art militaire et d'escrime à leurs enfants. Ils ont demandé à Socrate de se joindre à eux pour tenter de répondre à cette question. Les deux spécialistes, Lachès et Nicias, interviennent. Pour Lachès, des leçons de cet ordre sont complètement inutiles, l'art militaire s'apprenant sur le terrain. Pour Nicias, au contraire, les leçons sont indispensables : lui-même s'est trouvé très bien de celles qu'il a reçues. Comme il y a une voix *pour* et une voix *contre*, et que ces pères de famille sont habitués à la démocratie, ils se tournent vers le troisième personnage, Socrate, pour départager les débatteurs. Pour qui vote-t-il ? Socrate dit qu'il est désolé, qu'il ne procède pas ainsi. Il ne peut pas répondre à la question posée car il ne ferait que donner un avis subjectif qui n'a aucune espèce d'importance. Il a besoin de comprendre ce qu'ont dit Lachès et Nicias et il leur demande la permission de les interroger : Pourquoi as-tu dit ceci ? Pourquoi as-tu pris tel exemple ? Pourquoi, à tel moment, as-tu changé de ton ? Il mène une enquête très subtile et, au bout d'un certain temps, il apparaît pour tous les interlocuteurs que Lachès et Nicias ne savaient pas ce qu'ils disaient, qu'ils parlaient par pur mécanisme, qu'ils ont fabriqué leur argumentation à partir d'une idée préconçue, mais que cette argumentation n'est absolument pas probante. Les deux pères de famille se retournent alors vers Socrate et lui demandent ce qu'il faudrait faire. C'est là que Socrate prend le chemin de l'invention de la philosophie. Il dit : Faut-il faire donner des leçons d'art militaire à des enfants ? n'est pas une bonne question. Il faut d'abord savoir à quoi cela sert. Que veut-on ? Que nos enfants soient capables de se défendre sur le terrain, de vaincre l'ennemi, d'honorer notre nom en se battant comme il faut et de rester en vie. Très bien. Donc l'art militaire a pour fin l'acquisition de la vertu militaire. Alors il faut savoir ce qu'est la vertu militaire. Sinon on répondra, comme l'ont fait tout à l'heure Lachès et Nicias, à côté du problème. On donnera son avis, mais on ne donnera pas une réponse convaincante. Vous avez déjà deviné que Socrate vient d'inventer quelque chose de nouveau que, vingt-quatre siècles après, on appellera le « concept ».

> Pour répondre à une question, il faut savoir ce que contient cette question, repérer l'idée qui s'y trouve, en élaborer la représentation. En termes modernes : en construire le concept.

Voilà. Puis, deuxième acte de la comédie, en somme, Socrate prend la direction des opérations et interroge Lachès et Nicias pour savoir ce qu'est la vertu militaire. Il apparaît, en ce cas aussi, qu'aucun des deux généraux n'est capable de répondre à cette question. Socrate n'a aucun mal, devant les démonstrations données par l'un et l'autre, à montrer que ce qu'ils disent n'a pas de sens et ne résiste pas à l'argumentation. Alors, nous lecteurs, qui voyons arriver la fin du dialogue, nous pensons que nous allons avoir la réponse. Eh bien, pas du tout. C'est là toute l'habileté de Socrate. Il ne tranche pas. Aux deux pères de famille qui insistent, il explique : J'ai dit que, pour répondre à la question posée, il fallait savoir ce qu'est la vertu militaire, mais je n'ai jamais dit que, moi, je le savais. Maintenant, si vous voulez, nous pourrons nous retrouver demain à tel endroit, à telle heure. Et le dialogue se termine ainsi.

> On peut comprendre ce qui est arrivé à Socrate. Il s'est rendu insupportable. En procédant de cette manière, en refusant de répondre, en agaçant tout le monde par ces raisonnements corrosifs qui détruisent les argumentations, ébranlent les certitudes sur lesquelles la cité athénienne s'est construite, il devait s'attirer le haine de tous.

D'ailleurs, Platon, dans un admirable dialogue, l'*Apologie de Socrate*, présente la défense de Socrate accusé d'impiété devant le tribunal. Platon évoque trois accusateurs. Il est significatif qu'ils représentent chacun une des professions importantes à Athènes. L'un est un rhéteur politicien, l'autre un devin – la divination joue un très grand rôle à l'époque, c'est une forme de ce que nous appellerions aujourd'hui « propagande » – et le troisième est un homme de métier – un ingénieur. La cité athénienne, en effet, ne s'est pas contentée des sophistes, maîtres de la parole. Elle a produit aussi des hommes politiques de grande classe, des hommes de métier qui lui ont construit une flotte remarquable et ont accompli des progrès technologiques non négligeables. Elle a produit encore – cela ne figure pas dans le dialogue platonicien – des historiens. Nous aurons à revisiter ce dernier aspect à propos du statut de la philosophie.

> Alors, tous se dressent contre ce personnage socratique qui ruine les divinités civiques et, de cette façon, apparaît comme un impie.

Son intention, selon Platon – qui le montre bien dans son *Apologie* comme dans le *Criton* –, est de sauver la cité et non de la ruiner. Mais, à l'apparence, l'objectif semble néfaste. Et Socrate est traîné devant les tribunaux, il refuse de se défendre, il est condamné à mort, on lui propose de s'échapper – les Athéniens n'aimaient pas beaucoup condamner à mort leurs concitoyens. Cette condamnation était formelle, et les magistrats qui l'avaient condamné espéraient qu'il s'échapperait. Il refuse de s'échapper, il boit la ciguë, il meurt. De son enseignement et de cette mort exemplaire va naître la philosophie ; philosophie platonicienne, certes, mais il se trouve que Platon fournit une définition qui est restée au centre de l'exercice de la philosophie jusqu'à aujourd'hui. Car, même si l'on est foncièrement antiplatonicien, on ne peut être philosophe que dans une perspective qui renvoie à l'analyse platonicienne. Dans la *Lettre VII*, où Platon raconte sa vie, il est dit que ce jeune homme de bonne famille, promis aux plus belles destinées d'homme politique, a renoncé à la carrière qui s'offrait à lui à cause, précisément, de la mort de Socrate.

> Ainsi, pour bien penser le platonisme, faut-il bien comprendre que Platon a eu pour objectif durant sa longue vie – quatre-vingts ans – de défendre le message socratique, de le rendre positif.

Je dirais volontiers que tout se passe comme si Platon avait voulu être Socrate, non seulement pour poser les questions, mais aussi pour donner des réponses afin de rester vivant. Platon porte si profondément le remords de la condamnation et de la disparition de Socrate qu'il se fait l'administrateur du message socratique pour que la cité change et que des hommes comme Socrate puissent rester en vie. Platon se donne pour tâche la réforme complète de l'organisation civique pour que d'autres hommes qui auraient le même génie personnel que Socrate, le même *daîmon*, puissent s'exprimer. C'est ce qu'il appelle « faire vivre l'homme avec des couleurs divines », c'est-à-dire hors de l'immoralité et dans la transparence de la vérité. L'œuvre platonicienne se construit essentiellement contre les sophistes. Platon n'attaque la tradition que de manière modérée parce qu'il ne la considère plus comme dangereuse. L'ennemi numéro un, c'est, selon lui, cette sophistique qui a énervé les Athéniens au sens propre, qui les a amollis. Elle les a jetés dans des entreprises douteuses tant sur le plan culturel que sur celui de la politique extérieure.

> Pourtant la pensée platonicienne a le même point de départ que la sophistique : la parole. Platon hérite cela de Socrate.

Pour lutter contre la parole mensongère, on ne dispose que de la parole, à moins de se livrer à la violence. C'est là précisément ce que refuse la pensée platonicienne. Platon fonde l'Académie, en 384 avant notre ère – l'Académie est une école, onéreuse probablement, ouverte dans les jardins d'un citoyen appelé Akademos, où les familles grecques envoyaient volontiers leurs enfants pour recevoir des leçons de mathématiques, de dialectique, et peut-être aussi l'enseignement secret de Platon qui, hélas, a complètement disparu. Nous ne saurons jamais ce que fut l'enseignement secret de Platon. Nous ne connaissons que son enseignement extérieur, appelé « exotérique ». Dans cette école, Platon procède à une réfutation systématique de la pensée des maîtres de la démocratie. Il en fait une critique acerbe. Il montre qu'il n'y a aucune raison pour que la majorité ait raison. Le nombre des voix ne fait pas la vérité. Ce n'est pas parce qu'on sait construire un bateau ou fabriquer des chaussures que l'on est capable de gouverner la cité. Et il se propose, à l'aide de la seule parole, de construire un discours qui serait juge de toute parole.

N'est-ce pas l'esquisse d'une définition de la philosophie ? Comment Platon s'y prend-il ?

Il reprend la démarche socratique. Ses dialogues partent de questions simples. Celles que les citoyens se posent couramment à propos de tel ou tel événement : qu'est-ce que la justice ou, plus exactement, Untel s'est-il conduit justement dans telle ou telle circonstance ? Et, à partir de là, on se pose la question de savoir ce qu'est la justice. Untel est-il pieux ? Et se pose la question de savoir ce qu'est la piété envers les dieux ou la piété envers ses parents. Faut-il ou non faire de la gymnastique et se nourrir avec frugalité ? Et se pose la question du plaisir. La philosophie – il faut insister sur ce point – part de questions simples : ce que l'on a coutume d'appeler, dans le jargon philosophique, des questions « empiriques ». A partir de quoi elle s'efforce de construire une argumentation qui permette de répondre non pas au niveau de la simple opinion, du simple avis, mais au niveau du concept – de l'idée « claire et distincte », dira plus tard Descartes. Comment Platon procède-t-il ? Ayant posé la question, il montre son enjeu, l'idée centrale à laquelle elle se réfère. Puis, par un jeu de demandes et de réponses, il monte un dispositif argumentatif qui, à chaque étape du développement, requiert l'accord des interlocuteurs en présence. C'est pourquoi le dialogue est la forme normale de la philosophie naissante. Stylistiquement, un dialogue est un jeu de questions-réponses argumentées avec possibilité, pour chacun des interlocuteurs, d'intervenir afin de solliciter des explications supplémentaires, pour exiger une preuve réellement satisfaisante. L'art du dialogue s'appellera – d'un mot qui, dans la philosophie, va avoir un destin très important – la « dialectique ». Le philosophe oppose sa dialectique, sa technique du dialogue, à la technique rhétorique du sophiste. Aristote va ponctuer cette opposition en distinguant la *persuasion*, qui, selon lui, est essentiellement l'art de l'avocat peu préoccupé, en fin de compte, de la vérité de ce qu'il dit pourvu qu'il obtienne l'acquittement de son client, et la *conviction*, qui, elle, vise à créer des certitudes durables chez l'interlocuteur. Le pari platonicien revient à dire qu'il est possible, à l'aide de la seule parole, de construire une suite qui requiert l'adhésion de toute personne de bonne foi. Voilà la seconde esquisse de ce que l'on pourrait appeler le « discours philosophique ». Au fond, si l'on y réfléchit – cela peut surprendre à première vue –, le philosophe affirme qu'il n'y a pas de faits. Il pose que le fait est toujours l'expérience singulière d'un individu placé dans des circonstances singulières. Le fait, c'est toujours un peu : « Moi, monsieur, j'étais à Verdun », l'affirmation d'une prise de position sans autre fondement que l'expérience de celui qui s'est trouvé dans cette position. Le philosophe a une exigence supplémentaire. C'est ce que Platon a fondamentalement retenu de l'enseignement socratique. Chacun peut évoquer des faits, tous ces faits peuvent être contradictoires et s'entre-détruire. Sans doute peut-on évoquer ou invoquer des événements, mais encore faut-il qu'ils soient compréhensibles pour celui qui ne les a pas vécus ou qui les a vécus d'un autre point de vue. Pour l'homme, le fait passe nécessairement par la parole et par la réflexion. Les philosophes se situent dans la nécessité de prendre des décisions en commun pour sauvegarder l'existence collective, pour la rendre aussi heureuse que possible. Le philosophe platonicien constate qu'à l'assemblée du peuple qui prend les décisions pour Athènes, chacun voit midi à son horloge, comme on dit. Chacun construit la réalité en fonction de ses passions, de ses désirs, de ses intérêts, et la décision qui en résulte est sans nécessité véritable. Tantôt telle majorité l'emporte, tantôt telle autre. Ne vaut-il pas mieux tenir compte, dans la décision prise, du point de vue de tous ? Or, comment les hommes échangent-ils leurs expériences sinon par la parole ? Il y a un mot pour cela. Là encore, je vais jouer le pédant en prenant le mot grec : *logos.* Dans une première acception, *logos* est un mot : « triangle », « angle », « Aphrodite », « imaginaire »... un mot que vous voulez doué de sens, par opposition au mot « abracadabra », qui n'a pas de sens. Attention ! le mot « abracadabra » a un sens puisque je viens de dire qu'il n'a pas de sens. Je viens de lui donner le sens du mot qui n'a pas de sens. Le mot « humain » – Aristote le montre très clairement dans les premières pages de *La Politique* – est nécessairement un mot doué de sens qui, recueilli par un autre, suscite une réaction, une représentation, une adhésion ou un refus. En ce sens, Aristote oppose la *phonê*, la voix, au *logos*, la parole. Très vite, *logos* évolue. Il ne signifie plus seulement le mot doué de sens, mais l'ensemble ayant un sens de mots doués de sens. Par exemple : « Aphrodite est la déesse de l'Amour », ou : « La somme des angles d'un triangle est égale à deux droits. » Mais il y a des combinaisons de *logoï*-mots qui ne donnent pas un *logos*-phrase – par exemple : « La somme des angles d'un triangle carré est égale à un crapaud. » Cette fois, cela n'a plus de sens. Du coup, troisième signification de *logos* : ce que nous avons en nous qui permet de relier diverses phrases ayant un sens pour en faire une démonstration d'ensemble qui a un sens. Le travail du dialogue philosophique part de ce que chacun tient pour assuré, de ces prétendus faits, pour les passer à l'épreuve du sens. Il s'agit donc, à chaque instant, de se demander ce que signifient ces faits et de vérifier la validité de la signification qui a été établie.

Mais qu'est-ce qui permet de vérifier la signification d'un fait, sinon son acceptabilité par tous ?

Le dialogue offre la possibilité d'opérer cette vérification d'acceptabilité. Platon, dans ses *Dialogues*, fait appel à un certain nombre d'interlocuteurs. Chacun – ces textes sont admirablement composés – représente une position : il y a celui qui croit aux faits, celui qui vénère les dieux, etc. Chacun joue un certain rôle et, lorsqu'une signification est évoquée devant lui, réagit en fonction du point de vue qu'il représente pour vérifier si, de ce point de vue, cette signification est acceptable. C'est ce que j'appelle l'« épreuve de la recevabilité ». Par la suite, les philosophes construiront une idée pour rendre compte de cet effort : la première catégorie de la philosophie, le premier concept majeur qui la définit elle-même. Je veux parler du concept d'*universalité*.

Alors l'universalité résulterait de la totalisation des divers accords qui s'établissent au cours du dialogue.

Si l'on examine avec précision la structure d'un dialogue platonicien, on s'aperçoit que c'est un remarquable monument pédagogique. Les questions liminaires étant posées et les premières réponses fournies, celui qui représente Platon dans le dialogue – c'est le nom de Socrate que Platon utilise le plus souvent pour s'exprimer – s'attache, en interrogeant chacun de ceux avec qui il parle, à vérifier si tout le monde est bien d'accord. Ainsi, on progresse, très lentement. Ce n'est pas un procédé, car quelquefois surgissent des oppositions que Platon écrivain n'avait pas prévues, du moins le semble-t-il. Un peu comme il arrive dans les romans quand un personnage échappe au romancier pour vivre sa vie. Eh bien, dans les dialogues platoniciens, même dans *La République*, on a parfois le sentiment que Platon laisse parler l'un des interlocuteurs, qui, brusquement, se met à contester la position que, lui, Platon, par la bouche de Socrate, avait prise. Progressivement, on sent que le discours se construit, que le sujet s'épuise, et le dialogue s'achève lorsque tous les interlocuteurs sont d'accord pour dire qu'on est arrivé à répondre à la question qui était posée au début. En ce sens, il y a comme une composition musicale de ces textes philosophiques.

> On dit souvent que la philosophie a pour initiateur le travail du géomètre. A vous entendre, le modèle de la composition musicale ou poétique lui convient tout autant.

Un dialogue de Platon se termine quand il faut, quand on a le sentiment que ce n'est pas la peine d'aller plus loin, qu'on n'en apprendra pas davantage, de même qu'une symphonie de Mozart s'achève lorsque tous les thèmes ont été exprimés dans leur ampleur et leur diversité. La catégorie majeure est bien celle d'universalité. Le philosophe est celui qui prend en compte le fait que l'homme est un être de communauté. Or, dans une communauté, on doit s'efforcer de construire, autant qu'il est possible, en tenant compte des forces et des faiblesses humaines, un discours si bien argumenté, vérifié, méticuleusement pesé, qu'à la fin chacun est, en quelque sorte, contraint de donner son accord, d'accepter ce discours. Il faut bien voir que c'est un enjeu d'une extrême importance que celui-là, car les questions qui sont posées ne sont jamais innocentes.

Y a-t-il jamais des questions innocentes ?

Je ne crois pas qu'il y en ait. Lorsqu'on s'interroge sur la justice, la piété, le plaisir, on renvoie à la conduite des individus et de la collectivité. Ce discours platonicien, Aristote va l'appeler une *sophia*, et celui qui le tient, qui tend amoureusement vers la constitution de cette *sophia*, un *philosophos*. Or dans le mot *sophia*, que l'on traduit par « sagesse », il y a deux dimensions : une théorique et une pratique. La dimension théorique correspond à ce discours qui provoque l'assentiment de tous ceux qui l'entendent. Quant à la dimension pratique, elle émet l'exigence que cet assentiment contienne l'accord de se comporter selon les prescriptions définies par ce discours. La sagesse est tout autant une manière de se conduire qu'une manière de penser ; plus précisément, c'est une façon d'apparier sa pensée et sa conduite. D'ailleurs, le but platonicien est de former des hommes de pouvoir, des hommes qui, connaissant ce qui provoque l'assentiment, doivent être capables de construire une politique qui recevra l'accord des uns et des autres et fera cesser la guerre – la guerre civile. L'enjeu est considérable. L'espoir du philosophe est alors de construire une manière de tribunal pacifique, capable d'élaborer le discours d'ensemble, juge de tous les discours et qui puisse être, en même temps, juge de toutes les pratiques, de toutes les conduites. L'épreuve de la signification, à laquelle le fait est soumis, suppose la construction du concept. Le concept n'est rien d'autre, au fond, que la structure mentale qui accompagne le développement du discours. Le concept n'a pas d'autre sens que ce développement discursif. Le concept de triangle, c'est ce qui figure de manière précise tel énoncé de type mathématique. Le concept de justice, c'est cette structure qui est présente dans le développement d'un discours sur la bonne organisation de la société. Il faudra attendre la philosophie moderne pour que, dans la notion de concept, entre l'idée de représentation abstraite. Nous aurons l'occasion d'y revenir. Ce pourrait être d'ailleurs le quatrième sens de *logos*.

> C'est d'ailleurs bien ainsi qu'il arrive à Aristote de l'employer.

Les traducteurs actuels, lorsqu'ils sont embarrassés pour traduire les textes extraordinairement denses d'Aristote, utilisent le mot « concept » quand ils rencontrent le mot *logos*. Je voudrais insister sur l'enjeu, car, si ce tribunal existe, il faut bien voir qu'il est redoutable. Qu'il juge les autres discours, passe encore. Qu'il juge les conduites, voilà qui devient plus grave et va faire l'objet d'interrogations multiples par la suite, à l'intérieur de la philosophie comme à l'extérieur, notamment du côté de ceux qui vont la contester - et il y en a eu dans l'histoire de la pensée. Juger des conduites implique de se donner la possibilité de dire en toute certitude et, en quelque manière, sans appel qui est fou et qui est criminel. Je n'en dis pas plus long pour l'instant.

> En ce sens, la volonté philosophique peut être exorbitante et dangereuse.

Mais, avant d'en venir là, il faut marquer une évolution qui se manifeste dès la construction platonicienne, à l'intérieur même du platonisme. Il est tout à fait remarquable que ce soit Platon lui-même qui nous signale cette mutation dans son projet. La chose se passe dans un dialogue que, très probablement, Platon publie - je devrais dire, pour éviter les anachronismes, rend public – au moment où il fonde l'Académie, le *Gorgias*. La troisième partie du *Gorgias* est une discussion entre Socrate – toujours porte-parole de Platon – et un personnage qui n'a probablement pas existé historiquement, contrairement aux autres personnages figurant dans les dialogues de Platon. Ce personnage est, par conséquent, une invention platonicienne. Il se nomme Calliclès.

Platon, *Gorgias* (484b-485c), Garnier-Flammarion, p. 226 (trad. Émile Chambry).

(Calliclès accuse Socrate de perdre son temps à toujours philosopher.)
La philosophie, Socrate, est certainement pleine de charme, lorsqu'on s'y adonne modérément dans la jeunesse ; mais si l'on s'y attarde plus qu'il ne faut, c'est la ruine qui vous attend. Car, si bien doué qu'on soit, quand on continue à philosopher jusqu'à un âge avancé, on reste nécessairement neuf dans tout ce qu'il faut savoir, si l'on veut être un honnête homme et se faire une réputation. Et en effet on n'entend rien aux lois de l'État et au langage qu'il faut tenir pour traiter avec les hommes dans les rapports privés ou publics ; on n'a aucune expérience des plaisirs et des passions, en un mot des caractères des hommes. Aussi, lorsqu'on se mêle de quelque affaire privée ou publique, on prête à rire, de même que les hommes politiques, j'imagine, lorsqu'ils se mêlent à vos entretiens et à vos disputes, se couvrent eux aussi de ridicule.

Socrate et Calliclès disputent très durement de la signification de la justice et de l'usage de la rhétorique. Calliclès répond avec une très grande véhémence, presque avec grossièreté, à l'argumentation socratique. Puis, à un détour du dialogue, Calliclès devient aimable. Il se contente de répondre : Mais oui, je suis d'accord avec toi. Bien sûr, Socrate... Au bout d'un certain temps, Socrate s'en aperçoit et, se retournant vers lui, lui dit : Mais qu'est-ce qu'il te prend d'être maintenant aussi courtois ? Et Calliclès a cette phrase terrible : Si je suis aimable avec toi, c'est que je ne m'intéresse absolument pas à ce que tu dis. J'ai continué à parler avec toi par déférence envers le vieux Gorgias qui est près de nous, mais tes propos, je ne m'en préoccupe absolument pas. Voilà une objection majeure, terrible, que l'on peut faire au philosophe. Le philosophe est celui qui use de la parole. Alors celui qui ne s'intéresse pas à la parole, qui l'utilise d'une manière uniquement pragmatique, du style : « Passez-moi le sel », que peut-on faire avec lui ? Celui-là qui, dans la communauté, se sert de la parole comme d'un instrument, comme d'un marteau, d'un couteau ou d'un gourdin, mais qui ne s'inquiète pas de la signification des mots, qui ne s'efforce pas de construire un discours requérant l'adhésion des autres, que faire avec lui ? C'est la grande question de la philosophie, et Platon soulève ce problème avec une vigueur étonnante. A ma connaissance, il n'y a que la sagesse chinoise – qui n'est pas de la philosophie au sens strict du terme – qui a su évoquer le même type de problème.

> Mais il faut bien que le philosophe réponde à un tel adversaire. Il faut bien qu'il puisse opposer quelque chose à ce mépris du non-philosophe face à son discours.

Cette réponse, c'est la constitution d'une autre catégorie, d'un autre concept pivot : celui de *vérité*. Jusqu'ici, je n'ai pratiquement pas utilisé ce terme parce que, à mon avis, il ne vient que tardivement dans l'évolution de la pensée platonicienne. Le philosophe, face à cette objection tragique, va aller au-delà du simple assentiment de ceux qui sont présents, de tous ceux à qui on peut s'adresser, et affirmer que le discours qu'il tient est le discours qui, par excellence, correspond au réel. Il va affirmer que le discours philosophique, ayant valeur universelle, a aussi un répondant dans la réalité. C'est ainsi que Platon va soutenir son entreprise en construisant une ontologie, une doctrine de l'*être*, en inventant, en quelque sorte, le mot, en disant ce qu'il en est de l'être. Cela s'appelle la doctrine, ou hypothèse, des *Idées*.

> Platon, *Parménide* (132), in *Œuvres complètes*, t. II, Gallimard, « Bibl. de la Pléiade », p. 201 (trad. Léon Robin).
>
> *(Le jeune Socrate s'adresse au vieux Parménide et tente de préciser son « idée » des Idées.)*
> Ces Idées dont nous parlons sont à titre de modèles, des « paradigmes », dans l'éternité de la Nature, quant aux objets, ils leur ressemblent et en sont des reproductions ; et cette participation que les autres objets ont aux Idées ne consiste en rien d'autre qu'à être faits à leur image.

Avant de clore ce premier entretien, je voudrais reprendre quelques points. La philosophie est née en Grèce, au ve siècle avant notre ère, dites-vous. Mais bien des civilisations importantes l'ont précédée. L'Égypte, pour ne prendre qu'elle, a eu une grande influence sur la culture grecque.

Sans aucun doute. Il faut se garder d'un occidentalisme excessif. Je parle ici de philosophie *stricto sensu*, dans une acception qui concerne l'Europe, avec cette idée que cette figure de la philosophie s'est répandue, ultérieurement, sur le monde. Cela dit, ce serait une très grave erreur de croire que l'Occident, l'Europe, a le privilège de la réflexion et de la sagesse. Les Égyptiens, en effet, avaient élaboré une conception du monde approfondie, un certain type de sagesse tout aussi significatif que la philosophie telle qu'elle apparaît à partir de Platon. De même pour la Chine, l'Inde... Il y a une manière de sagesse dans les mythes des sociétés guayakis, d'Amérique du Nord ou de Papouasie. Il n'y a donc aucun privilège de la philosophie. Je ne dis pas du tout qu'il n'y a que ce mode de réflexion et ce mode de sagesse. Il y en a d'autres, qui valent tout autant. Mais les Grecs ont inventé ce que j'ai appelé le *logos*, ou la raison, une manière de construire la sagesse. Il y en a d'autres. Il n'y a aucun privilège du côté des Grecs, simplement le fait que, pour des raisons historiques, cette conception de la sagesse née de la philosophie *stricto sensu* a influé de manière décisive sur la conception de la science qui, par la suite, a eu des effets considérables dans la transformation de l'humanité. Par exemple, les Chinois ont inventé des techniques très remarquables, mais ils n'en ont pas tiré – et sans doute ont-ils eu raison – ce que nous, en Europe, nous en avons tiré, et ce que nous en avons tiré vient de la philosophie.

> Justement, vous parlez de sagesse chinoise, pas de philosophie. Mais un philosophe n'est-il pas un ami de la sagesse, qu'il soit grec ou chinois ? Vous dites qu'il s'agit d'une forme particulière liée au langage, mais les Égyptiens et les Chinois n'étaient pas muets, ils se servaient aussi du langage pour réfléchir sur la sagesse.

Sans doute. La différence tient en ceci : ici, « sagesse » veut dire à la fois règles de vie, de conduite, et savoir systématique fondé sur l'idée de l'être, idée spécifiquement européenne. Il me semble que jamais, dans aucune autre espèce de civilisation, ne soit apparu quelque chose que l'on puisse appeler l'« être ». Il est frappant qu'un linguiste comme Benveniste montre que c'est la langue grecque qui était le berceau obligatoire de ce type de philosophie parce que, dans la langue grecque, il y a précisément la possibilité de forger, d'utiliser ce mot, « être », alors que dans d'autres langues cette possibilité n'existe pas. On pourrait se demander si l'écriture idéographique ou hiéroglyphique permet de penser l'être. Là encore, aucun privilège. Je ne dis pas que ceux qui ont inventé l'être ont une conception plus profonde ou meilleure que ceux qui ne l'ont pas inventé. Je constate simplement que c'est dans ce berceau de civilisation où domine la langue grecque que le concept d'être est apparu et qu'il va devenir central dans la pensée européenne – pensée qui, par le jeu du colonialisme en particulier, va s'étendre sur le monde entier.

> Cette philosophie fut, d'une certaine façon, inventée par Socrate. Or il s'avère que Socrate n'a d'existence pour nous qu'au travers des *Dialogues* de Platon, des œuvres de Xénophon et de quelques allusions d'Aristote.

On le connaît également par un témoin qui le détestait : Aristophane. Dans *Les Nuées*, une pièce remarquable mais effrayante, on se souvient que le héros, qui représente Aristophane, appelle le peuple d'Athènes à mettre le feu au « Pensoir » de Socrate pour supprimer cette engeance, cette bande de voyous qu'on appelle « philosophes ». J'ai dit que Socrate était un sophiste parmi les autres. D'autres versions sont possibles. Il y a eu des recherches érudites, on s'en doute, sur cette question. Certains prétendent qu'il avait une véritable vision du monde. En réalité, on ne saura jamais ce que Socrate pensait réellement ; mais – et ici je ne voudrais choquer personne –

savons-nous exactement ce qu'a dit le Christ ? Nous ne le connaissons jamais qu'à travers les paroles des évangélistes, dont certains ne l'ont même pas connu. Nous sommes obligés, comme toujours dans ce domaine, de nous contenter de ce dont nous disposons, c'est-à-dire de certaines vraisemblances.

Oui, mais la religion se fonde sur la foi, la philosophie sur les faits.

La philosophie se fonde sur le discours. C'est un problème sans solution. Il est probable que, pendant toute cette période de l'Antiquité, des textes admirables ont été perdus. De temps en temps, on en retrouve, et il arrive que ces textes bouleversent la vision que nous avions de l'époque. Je pense, par exemple, à la traduction par Chadwick aux environs des années 1960 d'un texte qu'on appelle le *Linéaire B*, qui nous apporte sur l'histoire de la Grèce de véritables révélations. On a retrouvé, à la fin du XIXe siècle, la *Constitution d'Athènes*, texte d'Aristote que l'on avait perdu et qui a modifié en grande partie notre vision de la politique aristotélicienne. On peut alors se demander si ceux que nous appelons les « grands philosophes » n'occultent pas notre vision de l'écriture philosophique. L'histoire de la musique nous montre qu'il a fallu attendre le XIXe siècle pour redécouvrir Jean-Sébastien Bach. Il y a surtout cette frustration des textes disparus irrémédiablement. Toute la première partie de la pensée d'Aristote est perdue. C'était, si l'on en croit ce qu'en disent les Romains, des dialogues encore plus beaux que ceux de Platon.

J'ai retenu aussi que, dans la recherche de la vérité, ni l'opinion de la majorité ni le discours d'autorité de la compétence ne sont des garants satisfaisants. Ainsi, le chemin de la vérité serait exclusivement réservé à la philosophie.

Oui. C'est l'ambition philosophique qui, à certains égards, peut paraître folle. Freud n'hésitait pas à dire que le philosophe est un paranoïaque, un homme aux ambitions démesurées. L'ambition de Platon, c'est pourtant bien celle-là. Il constate que la démocratie se trompe, que les hommes de métier se trompent tout autant. Aux démocrates, il emprunte l'idée de majorité en la développant d'une manière extrême. De la majorité il fait l'universalité. A l'idée de compétence il emprunte la technique du dialogue et, réunissant ces deux aspects, il prétend pouvoir instituer une manière de compétence universelle, qui serait la compétence de la raison. C'est en ce sens que j'ai dit, dans une parenthèse que j'ai voulue inquiétante – et je suis content que cette affirmation vous ait inquiété –, qu'au fond le philosophe prend une responsabilité énorme lorsqu'il dit : Je vais construire un discours universel capable de juger de tous les autres discours et, par conséquent, de toutes les conduites – un discours qui rend sage. Je vais déterminer qui est fou et qui est criminel. C'est à la fois une position excessive et une responsabilité exorbitante.

C'est un discours totalitaire.

Le risque du discours totalitaire est constamment présent dans la philosophie. Je ne crois pas que les philosophes soient tentés par le totalitarisme : il y a quand même chez eux une idée fondamentale, celle de liberté. Raison et liberté doivent aller de pair. Mais il est vrai que la philosophie *entre les mains* de politiques qui visent au totalitarisme est un instrument redoutable.

La philosophie emprunte à la compétence cette idée que le discours va devenir l'instrument de la transparence et de la vérité, par la vertu dialectique du *logos* – je vous cite. Cette dialecticité est-elle une invention de Socrate ou de Platon ? Dans les *Dialogues* de Platon, c'est Socrate qui le dit, mais c'est Platon qui écrit les *Dialogues*.

Je dirais que Platon formalise cette idée. Il invente d'ailleurs, à ma connaissance, l'adjectif *dialektikos*. Jusqu'alors il n'y avait que le verbe *dialekestaï*, « discuter dans un dialogue ». En inventant l'adjectif, il lui confère un contenu technique. Mais je pense que cela correspond à l'enseignement essentiellement pratique de Socrate. Plus généralement, c'est la cité qui invente la dialectique, cette cité démocratique qui parle, qui discute, qui s'interroge, qui échange des idées. Je crois, en fin de compte, que les grands penseurs ne font que formaliser ce que les peuples inventent.

2. La raison et la réalité

> Admettons-le : la raison fut inventée, en Grèce, au ve siècle avant notre ère. Cette invention a été formalisée par Platon. Mais qu'en résulte-t-il dans la réalité ? Comment Aristote, dont la pensée rayonne encore, va-t-il s'y prendre pour asseoir l'autorité de la philosophie et montrer qu'elle seule dit « ce qui est tel que cela est » ? Notre précédente conversation visait, au fond, à cette entreprise un peu excessive : tenter de définir ce qu'est le discours philosophique. Vous en étiez arrivé à un point crucial : l'invention de l'hypothèse des Idées par Platon.

Eh bien, nous allons examiner aujourd'hui le contenu et les conséquences de cette hypothèse ainsi que l'interprétation qu'en donne Aristote. Aristote, qui, après l'envolée platonicienne, va se constituer en administrateur de l'exercice de la philosophie, et cela, comme vous l'avez noté, pour de très longs siècles.

Pour que les choses soient claires, il est nécessaire de rappeler dans quelles conditions Platon a été amené à construire cette hypothèse. Il constate que les hommes sont malheureux. Ils sont malheureux parce qu'ils souffrent, parce qu'ils commettent l'injustice et qu'ils la subissent. Il constate aussi – ou il croit constater – qu'aucun des remèdes proposés empiriquement ne permet de dépasser cette situation. Alors il décide, lui, d'inventer le remède par excellence. Ce sera le discours universel. Entendons par là un ensemble d'énoncés cohérent, bien composé, légitimé à chaque étape de son développement, tel que tout individu de bonne foi soit obligé, par la rectitude de ce discours, de s'y soumettre. Ce discours vise à répondre aux grandes comme aux petites questions que les hommes se posent. Or voici qu'il rencontre un obstacle. C'est Platon lui-même qui le signale : certaines personnes ne s'intéressent pas à la parole ou ne la prennent que comme moyen de diffuser des informations quotidiennes et non pas comme moyen de régler la conduite. Le personnage qui symbolise cette attitude, on l'a vu, c'est Calliclès, qui apparaît dans la troisième partie du *Gorgias*.

> Où Calliclès déclare tout à trac à Socrate, porte-parole de Platon : Ce que tu dis ne m'intéresse pas et je continuerai à agir comme j'agissais auparavant, sans me préoccuper des leçons que tu prétends donner.

Oui. Si Platon a convaincu ses interlocuteurs qu'il a construit un discours universel, il s'agit maintenant d'en étayer la certitude chez les divers participants au dialogue. Et Calliclès va lui servir de réactif, obligeant le philosophe à approfondir son point de vue. L'hypothèse des Idées est décisive pour montrer que, malgré les apparences, le discours philosophique n'est pas simplement un discours universel, tenant par sa seule puissance de conviction. De plus, il dit ce qui est, tel que cela est. Ou, pour utiliser une formule plus courte, le discours philosophique dit l'*être*. Je reviendrai sur cette notion. Pour l'instant, essayons de voir ce que cela signifie. Lors de notre précédente rencontre, j'ai parlé de l'essence. J'ai dit que le philosophe constatait des contradictions dans les diverses opinions développées par les hommes. Celles-ci pouvaient être ou bien redondantes, se répétant sans avancer, ou bien lacunaires, laissant des aspects sans solutions. Il faut faire le détour par un autre chemin. Le *Lachès* montre, par exemple, qu'on ne peut pas répondre simplement à la question : Faut-il faire donner des leçons d'art militaire aux enfants ?

> Socrate dit qu'il faut s'interroger préalablement sur le courage et la vertu militaire.

Dans le langage philosophique, « Qu'est-ce que le courage ? » signifie : « Quelle est l'essence du courage ? » Pour être reçu, un tel discours doit avoir un répondant dans le réel. Il faut que celui qui le prononce ait la certitude que ce n'est pas un discours vide, qu'il y correspond quelque chose. Ce discours doit s'appuyer sur une donnée consistante. Il faut, en quelque manière, que cette fameuse essence du courage existe quelque part. C'est de là que naît l'hypothèse des Idées. Dans cet exemple, cela n'apparaît pas clairement, mais on le comprendra mieux si on se réfère à un univers plus rigoureux : celui des mathématiques. Voilà encore une idée que j'aurai l'occasion de développer par la suite : la philosophie se nourrit toujours de matériaux extérieurs. La philosophie de Platon s'est nourrie des travaux des mathématiciens de son époque. Lui-même, d'ailleurs, était un mathématicien. Prenons le mot « triangle ». « Triangle », ce peut être une figure que l'on dessine sur le sable de la palestre. Alors c'est une image, une image singulière : tel triangle, dessiné tel jour, à telle heure, par telle personne, ayant telles dimensions. A partir de ce triangle on peut faire des expériences, mais on ne peut rien déduire avec certitude ; les lignes en sont épaisses, et puis il suffit d'un coup de vent pour que le triangle disparaisse. Mais on peut voir le triangle autrement. Considérer le mot « triangle » avec la convention établie entre ceux qui parlent de la figure. Nous allons appeler « triangle » le polygone à trois côtés, ou la figure constituée par trois droites qui se coupent deux à deux.

> Mais cette convention reste bien insuffisante pour assurer la certitude. Alors, en quoi consiste l'hypothèse des Idées ?

En ceci : qu'il existe quelque part, dans un autre monde – qui n'est pas ce monde-ci, qui ne se donne pas à la sensibilité, c'est-à-dire à la perception, visuelle, auditive ou olfactive –, des triangles qui possèdent une réalité. A première vue, l'hypothèse paraît aberrante. Platon soutient pourtant avec beaucoup de fermeté que, si l'on ne fait pas l'hypothèse que cet autre monde existe, alors il faut se résoudre au malheur. Il faut accepter de commettre l'injustice ou de la subir, il faut accepter la finitude de l'homme, la mort en particulier. La pensée philosophique s'élabore, en quelque sorte, à partir de ce pari.

Tout se passe comme si Platon, en construisant sa fameuse allégorie de la caverne, proposait aux hommes l'alternative suivante : Ou vous tenez mon hypothèse pour une fantaisie, un produit de mon imagination dérisoire ou répressive, et – je vous en avertis – vous risquez d'être réduits à la constante insuffisance et bientôt au désespoir, ou vous faites avec moi cette hypothèse, et vous verrez peut-être apparaître la possibilité de vous conduire d'une manière telle que vous ne risquerez plus ce malheur. Précisons que ce monde-ci est celui des apparences, et que l'autre est quand même un monde actuel. Rien à voir avec l'af-

Platon, *La République* (VII, 514), in *Œuvres complètes*, t. I, Gallimard, « Bibl. de la Pléiade », p. 1101 (trad. Léon Robin).

(Socrate expose à Glaucon la condition humaine à travers l'allégorie de la caverne.)
« Représente-toi donc des hommes qui vivent dans une sorte de demeure souterraine en forme de caverne, possédant, tout le long de la caverne, une entrée qui s'ouvre largement du côté du jour ; à l'intérieur de cette demeure ils sont, depuis leur enfance, enchaînés par les jambes et par le cou, en sorte qu'ils restent à la même place, ne voient que ce qui est en avant d'eux, incapables d'autre part, en raison de la chaîne qui tient leur tête, de tourner celle-ci circulairement. Quant à la lumière, elle leur vient d'un feu qui brûle en arrière d'eux, vers le haut et loin. Or, entre ce feu et les prisonniers, imagine la montée d'une route, en travers de laquelle il faut se représenter qu'on a élevé un petit mur qui la barre, pareil à la cloison que les montreurs de marionnettes placent devant les hommes qui manœuvrent celles-ci et au-dessus de laquelle ils présentent ces marionnettes au regard du public. – Je vois ! dit-il. – Alors, le long de ce petit mur, vois des hommes qui portent, dépassant le mur, toutes sortes d'objets fabriqués, des statues, ou encore des animaux en pierre, en bois, façonnés en toute sorte de matières ; de ceux qui le longent en les portant, il y en a, vraisemblablement, qui parlent, il y en a qui se taisent. – Tu fais là, dit-il, une étrange description et tes prisonniers sont étranges ! – C'est à nous qu'ils sont pareils », repartis-je.

firmation religieuse d'un autre monde après celui-ci, rien à voir avec l'affirmation d'une immortalité de l'âme. Il se trouve que Platon croyait aussi à l'immortalité de l'âme, mais on peut très bien être un penseur athée et ne pas être gêné par l'hypothèse des Idées.

> Si le monde des Idées est un autre monde que celui-ci, mais tout aussi actuel, alors on peut le saisir dès maintenant, à condition de faire les exercices mentaux nécessaires.

Précisons encore les choses en examinant la genèse de l'essence, telle que le philosophe l'a définie. Platon nomme *doxa* les opinions multiples développées par le bon sens démocratique. Il montre que ces opinions se réfèrent toujours à de prétendus faits qui sont, en réalité, en grande partie le produit des passions, des intérêts, des désirs et des circonstances. Chacun voit le réel comme il lui convient et appelle « réalité » ce qui correspond précisément à ses dispositions subjectives.

Alors, que propose-t-il ?

Il propose, avec l'hypothèse des Idées, que ce discours qui a recueilli l'adhésion de tout un chacun soit étayé, ponctué, affirmé par la reconnaissance du fait qu'il y a une autre réalité que cette réalité apparente. Le monde des Idées, réalité essentielle, demeure immuable alors que les apparences ne cessent de changer, en proie au devenir – nous dirions maintenant : au flux de la temporalité. Le monde des Idées, par essence, est stable et transparent. Au triangle en image, dessiné sur le sable, au triangle convenu pour amorcer une discussion doit correspondre, en fin de compte, un triangle essentiel, toujours le même, véritable objet de ce discours universel. Cette hypothèse a été contrebattue, vivement, par des philosophes. Nietzsche, par exemple, sera très sévère et appellera les partisans des Idées les « hallucinés de l'arrière-monde ». Donc je ne dis pas que toute philosophie est platonicienne, je dis que le point de départ de toute philosophie est la reconnaissance de la nécessité de ce détour par ce monde stable, construit antithétiquement du monde des apparences. Le monde des apparences est confus, le monde des Idées est transparent. Dans le monde des apparences, les diverses séquences se chevauchent, de telle sorte que l'on ne sait jamais où l'on en est. Le monde des Idées est, comme le monde mathématique, constitué d'essences qui entretiennent les unes avec les autres des rapports clairs. Descartes développera par la suite l'idée de la clarté et de l'intelligibilité intégrale de cet univers du philosophe.

> Mais alors, qui perçoit ce monde, et comment, par quels moyens ? Ce ne peut être l'œil sensible, car l'œil sensible ne perçoit que des apparences.

Bien sûr. A l'hypothèse des Idées il faut en ajouter une autre, celle qu'il y a en l'homme quelque chose qui lui permet de saisir cette réalité transcendante, de saisir l'essence. Pour nommer cette « fonction », Platon utilise le vieux mot de la religion grecque, *psukhê*, que l'on peut traduire par « âme ». Il utilise aussi le mot *noûs*, qui lui vient de la tradition philosophique présocratique et que l'on peut traduire par « esprit ». Il faut supposer que l'homme possède, en même temps qu'un corps plongé dans les apparences, un esprit capable, à travers la construction du discours, de saisir les Idées, ou essences. Ainsi, on comprend pourquoi la philosophie se fait pédagogie. « Pédagogie », étymologiquement, c'est le chemin que l'on offre aux enfants, la route qu'on leur désigne en les prenant par la main pour les conduire de l'ignorance jusqu'à la connaissance. La philosophie est pédagogique dans la mesure où elle considère les hommes restés rivés aux apparences, qui ne croient qu'à ce qu'ils perçoivent avec leurs sens, comme des enfants. Elle s'assigne de les délivrer de ces passions qui les condamnent à l'injustice et au malheur. Le philosophe va alors proposer un cours des études, un *cursus studiorum*, pour permettre à ces hommes enfants de devenir enfin des hommes adultes, sachant enfin ce qu'il en est de l'être.

Ce *cursus studiorum*, Platon le décrit en détail, et il faut avouer qu'il n'est pas particulièrement séduisant. Il nous explique que, dans la cité idéale telle qu'il la conçoit, les enfants, dès leur plus jeune âge, seront soumis à un certain nombre d'épreuves permettant de distinguer ceux qui ont une particulière fermeté et une particulière résistance à la souffrance physique. A partir de là s'opérera une première sélection. Ensuite, on apprendra à ces adolescents, que l'on aura déjà éduqués à la dure, le métier des armes. On développera encore leurs facultés de résistance, leur courage, leur opiniâtreté. Ceux qui réussiront dans ces nouvelles épreuves seront admis dans le « cursus intellectuel ». Cela conduit vers quinze, seize, dix-sept ans. Le cursus intellectuel dure au moins une quinzaine d'années. Au cours de ces études, ces jeunes hommes apprendront l'arithmétique, la géométrie plane, la géométrie dans l'espace – appelée alors « stéréométrie » –, l'harmonique – science des nombres en harmonie les uns avec les autres, ce que nous appelons aujourd'hui la « musique » –, l'astronomie, etc. Lorsqu'ils auront bien compris que le sensible est trompeur, qu'il faut se référer à autre chose qu'à cette réalité qui s'évanouit aussitôt qu'apparue, alors on pourra leur apprendre la dialectique, l'art du discours. Et, nous dit Platon, à l'issue de cet entraînement, vers trente ou trente-cinq ans, les plus compétents, les plus sérieux pourront enfin espérer contempler le monde des Idées. La contemplation du monde des Idées, cela s'appelle en grec la *theôria*, la théorie. Étymologiquement, *theôrein* veut simplement dire « voir ».

> Ceux qui auront réussi dans ces études longues et difficiles seront arrivés à la contemplation : on pourra vraiment les dire « philosophes ». Mais que verront-ils ?

Ils verront les essences immuables, leur articulation les unes avec les autres, les divers secteurs ainsi constitués. Mais ils verront, par-dessus tout, l'Essence, ou Idée suprême, qui illumine toutes les autres, qui rend compte à la fois de leur apparition et de leur configuration. Elle est, en quelque sorte, au monde des essences ce que le soleil est au monde sensible : Essence ou Idée du bien, en même temps Essence ou Idée de l'un. Platon dit que ce monde est si beau, si profondément intelligible, d'une transparence si éclatante, qu'on peut à peine en parler avec les mots du monde sensible. En fait, c'est dans la conduite du philosophe, où il se manifeste vraiment, qu'on le reconnaîtra. C'est dans l'application de la vision que l'on pourra identifier celui qui a vraiment vu la réalité telle qu'elle est. Ainsi, la philosophie platonicienne en arrive à quelque chose comme une mystique, une mystique de l'intelligible. D'ailleurs – je l'ai signalé dès notre première conversation –, il existait un enseignement ésotérique de Platon, réservé à quelques privilégiés, dont nous n'avons aucune connaissance et qui, probablement, initiait à certains mystères, comme dans la religion traditionnelle. Ainsi, le platonisme, premier moment de la philosophie, s'est constitué pour des raisons et des causes politiques. Il s'est, par la suite, développé comme une religion, mais une religion de l'intelligible et non pas du mystérieux. C'est le mystère de l'intelligible, et non pas l'apologie du mystérieux. Il affirme que l'intelligible sous-tend le monde et que l'esprit le gouverne. Pour se conduire comme il convient ici-bas, il faut se soumettre à un certain nombre d'épreuves : celles de l'apprentissage du savoir. Il faut bien voir à quelle époque la chose se passe. Un auteur tragique, d'une manière peut-être un peu imagée, nous permet de comprendre la position platonicienne. On a dit que les tragédies d'Euripide –

le troisième des grands tragiques grecs après Eschyle et Sophocle – sont d'un monde d'où les dieux se sont retirés. Dans les tragédies d'Euripide, au fond, il n'y aurait plus qu'à hurler parce que les dieux sont partis. L'entreprise platonicienne vise à rendre l'homme satisfait en dépit du départ des dieux. Tout se passe comme si Platon se disait : Que les dieux soient partis ne doit pas nous amener à capituler. Les hommes ont en eux la réserve de leur esprit, de leur effort d'intelligibilité qui doit leur permettre de surmonter le malheur désormais immanent au monde. Et, dans cette perspective, Platon propose une école, l'Académie, où se former. Partant de l'hypothèse des Idées, il propose une redescente dans le monde sensible. Ceux qui ont vu les Idées ont désormais l'obligation d'aider leurs semblables, qui n'ont pas eu ce privilège, à lutter autant qu'il est possible contre l'emprise du malheur – étant bien entendu que cette lutte n'est jamais terminée, qu'il faut toujours se battre pour le triomphe de l'intelligibilité.

> Platon, fondateur de la philosophie, définit donc, dans un premier temps, la philosophie par son universalité. C'est peut-être cela le message de Platon, ce qui reste de platonicien dans la philosophie. Puis, dans un second temps, Platon développe son propre point de vue philosophique, point de vue qui va être contesté par Aristote.

Avant de passer à Aristote, il faut revenir sur deux points pour être clair. D'abord sur la définition de l'Idée : c'est une essence. Que peut bien recouvrir ce mot savant ? Une chose simple. L'essence – j'emprunte ici à Spinoza – est ce sans quoi une chose ne serait pas ce qu'elle est. L'essence du triangle, c'est ce qui fait qu'un triangle est un triangle ; banalité, mais, plus profondément, c'est ce qui fait que le triangle n'est pas un carré, non plus la couleur bleue, non plus Vénus-Aphrodite. L'essence est ce noyau à partir de quoi peuvent se déployer de multiples variations. Par exemple : un triangle peut être isocèle, scalène, etc., mais il ne peut pas être méchant. L'essence définit le déploiement de ce que peut être la chose dont l'essence est l'essence. L'Idée, c'est aussi l'archétype. Le monde des apparences est quand même un monde à propos duquel nous pouvons énoncer un certain nombre de vérités partielles. Quelque fluant, quelque indistinct, quelque incertain qu'il puisse être, nous pouvons y découvrir, par exemple, des lois de conséquence ou de coprésence, des lois scientifiques, par exemple. Donc ce monde des apparences possède un peu d'intelligibilité. Eh bien, Platon explique que cette intelligibilité partielle du monde des apparences vient du fait qu'il est une copie du monde des Idées. Il imite, maladroitement, le monde essentiel. Tel est, par exemple, le triangle tracé sur le sable que j'évoquais tout à l'heure. Celui qui trace ce triangle a dans sa tête, sans le savoir, l'archétype du triangle, de cette figure qui peut être très diverse pourvu qù'elle soit constituée par trois droites qui se coupent deux à deux. L'Idée peut être aussi la réalité productrice. Sur ce point, Platon n'insistera pas, mais la philosophie platonicienne va être reprise, pendant la période médiévale, par les philosophes chrétiens, qui vont expliquer que Dieu, lorsqu'il a créé le monde, avait dans son entendement, dans son esprit, des essences éternelles à partir desquelles il a créé ce que nous appelons aujourd'hui la « Création », c'est-à-dire le monde des apparences. L'essence, de ce point de vue, est cause de ce qui est. Certes, cet aspect de la philosophie platonicienne va être très vivement critiqué par d'autres philosophes, qui vont récuser complètement cette perspective. Il n'en reste pas moins que ces définitions vont demeurer des références décisives. Avant d'en venir à Aristote, je voudrais encore définir un autre terme qui fait peur ou bien suscite l'hilarité de ceux qui se moquent de la philosophie. C'est le mot « être ». On se moque volontiers de la formule : « La philosophie, c'est la science de l'être en tant qu'être. » On dit : Qu'est-ce que ce charabia ? En fait, c'est très simple. L'être – cela apparaît très clairement dans la pensée grecque originaire – est ce sur quoi on peut s'appuyer pour essayer de vivre comme il convient à un homme digne de ce nom. L'être, c'est, comme on dirait maintenant, ce qui est fiable, ce qui nous donne des indications pour acquérir le savoir indispensable afin de se conduire selon la justice et dans l'intérêt général, toutes règles qui apportent une satisfaction durable. Ce n'est donc pas un mot mystérieux. C'est ce qui existe vraiment, ce qui soutient les apparences qui flottent au-dessus. L'erreur commune consiste à ne pas réfléchir suffisamment à ce sur quoi on peut sérieusement s'appuyer.

Maintenant, nous pouvons passer à la seconde étape dans la constitution de la philosophie, l'étape aristotélicienne. Rappelons qu'Aristote est le disciple de Platon. Il a été élève de l'Académie et même, selon la légende, le meilleur élève. Pendant un temps, Platon a songé à lui confier sa succession. Puis, toujours selon la légende, Aristote a rompu avec le maître et a créé sa propre école, le Lycée. On l'appelle ainsi parce qu'elle se tenait dans un endroit appelé le « lieu du Loup ». Un loup sans doute y avait été tué. Voilà d'où vient le nom du lieu où nos bacheliers peinent : de la mort d'un loup. Aristote constitue donc sa propre école, qui devient rivale de l'Académie. Pour quelle raison a-t-il rompu avec le platonisme constitué ? Je dirais : par philosophie, c'est-à-dire par amour du savoir. Il estimait que son maître, qu'il respectait profondément, n'avait pas vu ce qui avait quelque chance de rendre la philosophie crédible, acceptable, pour un ensemble suffisant de personnes. Aristote considère que le développement de la pensée platonicienne est tel qu'il y a peu de chances que la philosophie soit effectivement entendue et puisse produire l'effet empirique que Platon escomptait.

En effet, il faut bien constater avec Aristote que le programme de l'Académie n'a pas eu de grands résultats sur le plan politique. La maître de l'Académie s'est donné pour tâche de fournir des chefs politiques. Il a lui-même tenté de devenir le Premier ministre de Denys de Syracuse et il a complètement échoué. Ses trois tentatives politiques l'ont tourné en dérision. Quant au programme des études qu'il propose, il est peu séduisant. Quel citoyen va accepter, par exemple, de passer trente ans de sa vie avant de pouvoir commencer à connaître ? Quel citoyen va accepter de soumettre ses enfants à des épreuves effroyables pour augmenter leur fermeté et leur apprendre à mourir au sensible ? Aristote veut sauver la philosophie parce qu'il juge que le programme fixé par Socrate, *via* Platon, est irremplaçable et impraticable, que la philosophie est effectivement la bonne voie mais qu'il faut l'adapter aux exigences de ce monde-ci.

> C'est en ce sens que, comme vous le disiez tout à l'heure, Aristote se constitue en administrateur de la philosophie. Il va définir un certain nombre de thèmes et de notions susceptibles de rendre la philosophie plus aisément praticable.

Pour expliquer l'apport essentiel d'Aristote, le mieux est encore de se référer au couple essence/apparence. Chez Platon, il y a coupure absolue entre l'arrière-monde seulement sensible à l'esprit et celui-ci, dans lequel nous vivons. C'est cette rupture qui rend nécessaire une éducation longue et violente, permettant seule de passer de l'un à l'autre. Aristote pense que ce n'est pas ainsi qu'il faut présenter les choses si l'on veut que la philosophie soit active. Je n'entre pas dans le détail de la vision du monde qu'Aristote développe : sa cosmologie, sa théorie des quatre causes, sa métaphysique et sa logique. Tel n'est pas mon propos ici, où je me limite à la définition du discours philosophique. Je m'en tiens donc au rapport entre l'essence et l'apparence. Le philosophe aristotélicien part de cette idée qu'il faut prendre l'apprenti philosophe comme il est, dans le monde sensible auquel il croit, qui développe à son propos des opinions et construit ses certitudes à partir de ses expériences. Il n'est nullement question, au départ, de lui montrer qu'il se trompe nécessairement. Ainsi, on commence en lui faisant confiance. C'est ce qu'on a appelé l'« empirisme aristotélicien ». L'empirisme est la doctrine selon laquelle la connaissance commence obligatoirement par l'expérience. A cet égard, Aristote est d'accord avec la pensée populaire : pour apprendre, il faut expérimenter. Mais c'est à ce niveau qu'intervient le jeu aristotélicien. On va demander à celui qui, ayant fait les expériences, les formule dans un certain discours et construit à leur propos conceptions ou théories, de chercher à savoir exactement ce qu'il veut dire. Aristote ne procède donc pas comme Socrate, qui se livre à une critique féroce ; il insiste simplement pour que celui qui parle s'efforce de parler de manière univoque, pour que son discours ne soit pas double, comme il arrive couramment. En particulier, Aristote demande à celui qui intervient dans une discussion, politique, technique ou autre, de se conformer à une règle simple : lorsqu'au début d'une démonstration on a donné un sens à un mot, il faut lui conserver ce sens jusqu'à la fin de la démonstration. Puis Aristote complique sa tâche : il montre que, puisque le discours courant est ambigu, il faut se conformer, pour être clair et convaincant, à des formes normales du discours. Peu à peu, par l'entreprise logique, il s'attache à régler le discours. Toute cette partie de la pensée d'Aristote est comprise dans un certain nombre de traités, qu'on appelle les *Topiques*, le *topos* étant le lieu commun à partir de quoi on peut trouver des formulations convaincantes.

> La démarche d'Aristote consiste d'abord en une logique de la théorie de la définition, de la théorie du jugement et de la théorie de l'ensemble de jugements démonstratifs, qu'on appelle « syllogisme ».

Aristote, *Organon*, 3, « Les premiers analytiques » (I, 1), Vrin, p. 4 (trad. J. Tricot).

Le syllogisme est un discours *(logos)* dans lequel, certaines choses étant posées, quelque chose d'autre que ces données en résulte nécessairement par le seul fait de ces données.

Ensuite, il montre que si le discours ainsi formalisé est convaincant, alors il doit correspondre à l'expérience de l'autre. L'adhésion est non seulement le signe que le discours est bien construit, mais c'est aussi la preuve que celui qui le reçoit s'en trouve convaincu et voit les choses comme l'émetteur du discours. Aristote en infère donc – toujours avec des raisonnements que nous appellerions aujourd'hui des raisonnements de bon sens – que cet accord qui s'établit autour d'un discours bien réglé correspond à un accord concernant la chose dont on parle et non pas l'Idée, l'essence, de l'arrière-monde. Il s'agit bien pour lui de la chose que nous avons actuellement sous les yeux, à laquelle chacun peut se référer, la chose que l'on peut désigner du doigt. Alors que Platon proposait ce programme fou de montrer ce qui, par définition, ne peut pas apparaître, Aristote met la philosophie à la portée de tous les citoyens puisque chacun peut juger de la validité de ce discours en se référant à son expérience coutumière.

> Alors l'essence devient autre chose. Ce n'est plus cette réalité transparente qui se trouve ailleurs. On la trouve dans les choses elles-mêmes. Elle est le noyau commun que chacun peut repérer pourvu qu'il sache exprimer son expérience selon les formes normales d'un discours bien réglé, bien construit.

La philosophie médiévale, qui a beaucoup réfléchi sur ces questions, avait coutume d'opposer la philosophie de Platon et celle d'Aristote de la manière suivante :

– Pour Platon, le cheval que je vois est un cheval purement apparent ; le vrai existe dans le monde des Idées. L'Idée du cheval est seulement sensible à l'œil de l'âme et ce cheval que je vois se contente de l'imiter maladroitement.

– Pour Aristote, l'essence du cheval se trouve dans chacun des chevaux sensibles ; chaque cheval que je peux voir possède en lui l'essence de ce que j'appellerai la « cabaléité », ou essence de la « chevalité ».

Bref, Aristote fait cette opération, qui va devenir celle du travail philosophique : introduire une constante circulation entre l'essence et l'apparence. L'essence n'est pas une réalité au-delà, l'essence est essence de l'apparence comme l'apparence est apparence de l'essence. Essayons de faire comprendre les choses encore un peu mieux. Pour désigner le mot « essence », Aristote se sert de deux mots : le mot *tiesti*, qui veut dire « ce que c'est », et un mot un peu plus compliqué, mais très joli – je ne résiste pas au plaisir de l'analyser –, le *tau ti en ênai*, expression mystérieuse que l'on a au Moyen Age traduite par *Quid dite* – mais ne sombrons pas dans leurs complications. *Tau ti en ênai* veut dire : « ce qu'une chose a l'habitude d'être ». L'essence est donc, dans une réalité sensible quelconque, ce qui est permanent, ce qui ne change pas, ce qui subsiste quels que soient les accidents. Ainsi de l'homme : il y en a des grands et des petits, des gros et des maigres, qui s'appellent Socrate ou Calias, courent vite ou lentement, sont riches ou pauvres... Je peux multiplier les accidents, cela restera l'*homme*. Mais je ne pourrais jamais dire que l'essence de l'homme est d'être petit ou riche, non plus que c'est d'avoir deux jambes, parce que les oiseaux aussi ont deux jambes. Sans faire une revue exhaustive de ce que pourrait être l'homme, constatons que, en toute certitude, il n'y a que lui qui prononce des phrases, des séquences de phrases qui aient une signification. C'est l'être qui parle, qui parle pour dire quelque chose. Certes, les animaux crient, les animaux signalent, mais ils ne parlent pas, ils n'ont pas d'échanges symboliques. Et Aristote dit : l'essence de l'homme est de posséder la parole signifiante, ce que nous avons rencontré sous le terme de *logos*, ce noyau signifiant. Les médiévaux traduiront cela par : l'homme est un animal raisonnable.

> Cela fait consensus, mais mérite attention. On peut faire des erreurs. On peut dire que l'homme est le seul animal qui rie.

En effet, Aristote fait ici une distinction très subtile : il ne faut pas confondre l'essence et le propre (d'où vient notre expression : « Le rire est le propre de l'homme »). La raison est l'essence, le rire le propre de l'homme. Il donne une série de recettes pour distinguer l'essence du propre. Cela ne nécessite pas une éducation spéciale, sinon apprendre à formaliser son discours. Essayez de parler clairement, dit Aristote, et vous deviendrez philosophe, vous serez capable de découvrir ce qu'il y a de permanent en ce monde. Pour rétablir la circulation entre l'essence et l'apparence, chacun est invité à vérifier à chaque instant la validité du langage philosophique. Je dis « validité », je ne dis plus seulement « légitimité ». C'est peut-être cela la grande invention aristotélicienne. De Platon, Aristote retient le projet d'ensemble : construire le discours capable de juger de tous les autres discours et de toutes les conduites. Aristote est d'accord avec Platon pour penser qu'on peut ainsi accéder à la *sophia*, cette espèce de savoir-sagesse qui permet à l'homme de vivre comme il convient à un homme. Il est aussi d'accord avec Platon pour penser que le discours philosophique doit être légitimé à chacune de ses étapes, qu'il doit provoquer la conviction de l'auditeur ou de l'interlocuteur, mais il y ajoute un critère supplémentaire, celui de la vérification.

> Faute d'avoir su découvrir ce critère, Platon a été obligé de faire l'hypothèse des Idées, cette affirmation, en quelque sorte, désespérée : il y a de la vérité.

Alors qu'Aristote invite le citoyen à vérifier à chaque instant dans la réalité, au sein du monde des apparences, la validité des énoncés philosophiques. Dans l'optique platonicienne, le discours universel n'a d'autre justification que discursive. Ce n'est qu'une justification du discours par le discours. Et, devant cette faiblesse, Platon a supposé l'existence des Idées. Aristote prend les choses d'une manière plus simple : il s'efforce de construire un système d'énoncés, une véritable encyclopédie. Aristote a créé, je le rappelle, le premier centre international de la recherche scientifique du bassin de la Méditerranée. Il avait des missions un peu partout et collectionnait les pierres rares, les cristaux extraordinaires, les animaux monstrueux... C'était un chercheur scientifique.

Aristote invite chacun à développer sa connaissance en fabriquant un discours qui, autant qu'il est possible, restaure ou exprime les articulations de l'être même. Faire correspondre les articulations du discours aux articulations de l'être, voilà quel sera, désormais, le travail du philosophe.

Aristote, *Métaphysique* θ (10, 1051a34-b17), Vrin (trad. J. Tricot).

La vérité ou la fausseté dépend du côté des objets de leur union ou de leur séparation, de sorte qu'être dans le vrai, c'est penser que ce qui est séparé est séparé, et que ce qui est uni est uni, et être dans le faux, c'est penser contrairement à la nature des objets. Quand donc y a-t-il ou n'y a-t-il pas ce qu'on appelle vrai ou faux ? Il faut, en effet, bien examiner ce que nous entendons par là. Ce n'est pas parce que nous pensons d'une manière vraie que tu es blanc que tu es blanc, mais c'est parce que tu es blanc que, en disant que tu l'es, nous disons la vérité.

Ce sera aussi le début des débats philosophiques. En effet, selon les circonstances historiques, les cultures, les modèles auxquels se référeront les diverses théories philosophiques, la notion d'« être » va prendre des sens différents. Par exemple, avec la philosophie médiévale, un personnage d'une importance extrême va intervenir et va se substituer à l'être. Il va s'appeler « Dieu ». Il va occuper la scène pendant un certain temps. Après, ce sera le sujet transcendantal, puis ce sera l'histoire – mais n'anticipons pas.

Le programme aristotélicien, lui, reste le même : construire ce texte porteur d'intelligibilité qui rend l'être aussi transparent qu'il est possible et qui permet de constituer des savoirs et d'accomplir des actes aussi sensés qu'un homme peut espérer en accomplir.

> Vous en avez beaucoup parlé, mais je voudrais revenir sur cette notion d'Idée. Il y a des mots contemporains comme « pattern », emprunté aux Anglo-Américains, ou « modèle », « structure », « patron » (au sens de modèle de vêtement), il y a aussi « concept ». Lequel, parmi ces mots, serait le plus près de la notion d'essence, d'Idée ?

Eh bien, je dirais qu'ils en sont tous aussi loin. Platon confère à la notion – je prends le terme le plus général pour désigner tout ce dont vous venez de parler – un poids ontologique. Il pense que cela existe, que c'est de la réalité, alors que, par exemple, « concept » ou « structure » renvoient à des principes d'intelligibilité. Le concept est une structure d'intelligibilité que l'on crée pour penser une chose, mais ce n'est pas la chose. Pour Platon, il y a assimilation entre la réalité qui rend intelligible et la réalité au sens le plus fort du terme, douée d'un poids, d'une consistance par soi-même. Cette idée aura des conséquences philosophiques. Il est très surprenant, par exemple, de constater qu'avant la Seconde Guerre mondiale un remarquable mathématicien, qui s'appelait Albert Lautman, a pu se réclamer du platonisme et affirmer que le triangle, le nombre 2... existaient. Selon lui, on ne pouvait pas concevoir la mathématique sans conférer une véritable existence à ces notions. Il y a donc, chez Platon – et c'est ce qui fait l'originalité profonde de sa doctrine –, une façon de confusion entre l'intelligible et le réel. C'est du réel intelligible.

> Et l'aspect ésotérique de l'enseignement de Platon ? Ce qui est confusion, d'un certain point de vue, regardé sous l'angle de l'ésotérisme, n'est peut-être plus confusion, mais accès à une réalité effective. Où Platon, qui enseignait ce versant d'ailleurs complètement perdu, avait-il lui-même acquis cette connaissance ésotérique ?

Étant donné l'importance et la nature des textes platoniciens, il en est sur le sens desquels on s'interroge encore. En particulier, au début du livre IX de *La République*, un passage obscur où Platon explique comment le monde retombe dans l'inintelligible a donné lieu à de multiples hypothèses. Il semblerait qu'un élément de son enseignement ésotérique se soit intercalé dans ce texte pédagogique. Diverses recherches s'accordent sur le fait que le platonisme s'inscrit dans la ligne pythagoricienne de ces penseurs qui ont divinisé les nombres comme principes explicatifs du réel, d'où peut-être l'importance du modèle mathématique dans la pensée de Platon. Il y a aussi un personnage – car c'est un vrai personnage – qui joue un grand rôle dans la pensée de Platon, c'est l'Égypte. Platon fait dire à l'un de ses protagonistes : Vous, les Grecs, vous n'êtes que des enfants. Les hommes, ce sont les Égyptiens. Aux yeux d'un certain nombre de Grecs, la sagesse originaire était là, semble-t-il. Quelle est la part de réalité, de sérieux historique en cela ? S'agit-il d'une filiation, ou la référence à l'Égypte est-elle un de ces mythes d'origine que chaque culture construit pour assurer ses arrières ? J'avoue que je ne suis pas assez compétent pour répondre à cette question.

> Encore un mot sur Aristote. Pour lui, l'essence est dans la chose elle-même, la chose perçue par l'expérience, qu'on peut désigner avec le doigt. Elle est à la portée de tous les citoyens, avez-vous dit, mais est-ce en faisant l'économie de tout l'ésotérisme dont nous venons de parler ?

Platon est un penseur qui confine à l'ésotérisme. Aujourd'hui, on pourrait parler de mysticisme. Aristote est traditionaliste, terre à terre. Son projet est, bien sûr, un projet de savoir-sagesse, mais aussi un projet politique. Alors que Platon propose une manière de révolution réactionnaire, un retour vers les origines, Aristote veut sauver la cité telle qu'elle est. Il constate, comme Platon, le désordre dans lequel la cité se trouve, mais il voudrait en maintenir les structures principales. Sa philosophie est un peu à l'usage des citoyens magistrats. Rappelons que la cité grecque est une cité sans fonctionnaires. Les charges publiques sont assurées, à tour de rôle, par les citoyens. C'est vrai pour la démocratie athénienne, mais dans d'autres régimes, y compris aristocratiques, cela fonctionne aussi de cette manière. Or, dans la cité idéale de Platon, apparaît le fonctionnaire. Le philosophe-roi est une sorte de haut fonctionnaire qui, au nom de ses compétences, décide pour les autres. C'est là, je crois, un thème très important de la rupture entre les deux philosophes.

> Il y a aussi la notion de critère de vérification, qui est propre à Aristote. On peut y voir une attitude d'expérimentaliste, au sens quasi moderne du mot, qui fonde la science occidentale.

Oui, on peut vraiment le dire. Certes, les différences sont considérables : la théorie des quatre causes énoncée par Aristote n'est pas scientifique au sens où nous entendons la science aujourd'hui, selon laquelle la causalité efficiente l'emporte sur les trois autres causes. Mais il y a bien une volonté expérimentaliste chez Aristote, qui n'est d'ailleurs pas tellement originale. Ce qui est original, c'est sa formulation. Aristote s'inscrit dans une tradition relativement nouvelle, celle des ingénieurs, des médecins, des physiciens aussi (les *phusikoi*), qui se fondent sur l'expérience pour construire les énoncés. De ce point de vue, Aristote est étonnamment moderne.

> Un dernier mot avant de quitter la Grèce pour une période plus récente. La démocratie athénienne est le lieu où naît la philosophie. En démocratie, par principe, tous les citoyens sont égaux devant la loi. Or voilà une démocratie qui vit sur l'esclavage.

De toute évidence, un des éléments qui permettent à cette démocratie d'être démocratie, c'est le travail des esclaves. Si les citoyens peuvent être, comme le dit Gustave Glotz, les actionnaires d'une société anonyme appelée « cité », c'est parce qu'il y a un travail productif, fourni par des êtres qui ne sont pas considérés par les Grecs, dans leur immense majorité, comme des hommes. Aristote, à cet égard, nous paraît extrêmement choquant quand il prononce des phrases du style : « Les Barbares n'ont d'homme que les pieds. » Il veut dire qu'ils n'ont simplement que la forme humaine, mais pas l'essence de l'homme. D'ailleurs, le mot « Barbare » est indicatif, c'est une onomatopée. Le Barbare est celui qui ne sait pas parler, qui bégaie. Ce refus de l'autre est constitutif de la pensée grecque.

Aristote dit quelque part que nous pourrions nous passer des esclaves si les navettes marchaient toutes seules. Je sais que c'est choquant. Mais croyez-vous que nous ayons fait tellement de progrès ? Les navettes marchent-elles toutes seules ? Alors, aujourd'hui encore, Aristote a-t-il vraiment tort ?

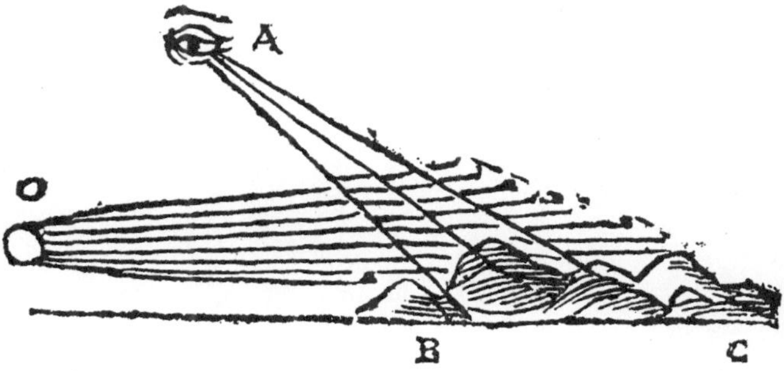

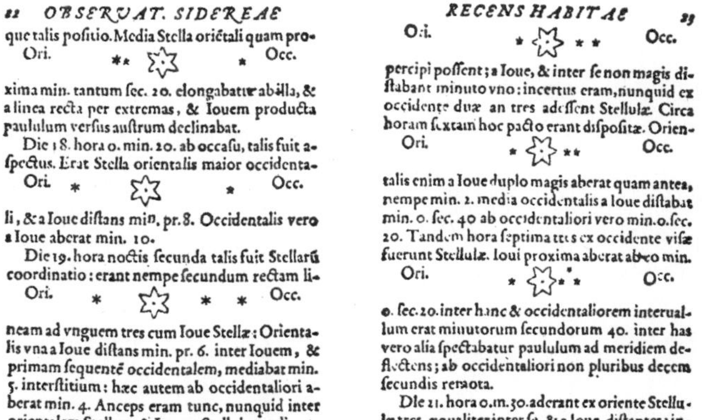

22 OBSERVAT. SIDEREAE — RECENS HABITAE 23

que talis positio. Media Stella orietali quam pro-
Ori. ** * Occ.
xima min. tantum sec. 20. elongabatur ab illa, & a linea recta per extremas, & Iouem producta paululum versus austrum declinabat.

Die 18. hora o. min. 20. ab occasu, talis fuit aspectus. Erat Stella orientalis maior occidenta-
Ori. * * Occ.
li, & a Ioue distans min. pr. 8. Occidentalis vero a Ioue aberat min. 10.

Die 19. hora noctis secunda talis fuit Stellarũ coordinatio: erant nempe secundum rectam li-
Ori. * * * Occ.
neam ad vnguem tres cum Ioue Stellæ: Orientalis vna a Ioue distans min. pr. 6. inter Iouem, & primam sequentẽ occidentalem, mediabat min. 5. interstitium: hæc autem ab occidentaliori aberat min. 4. Anceps eram tunc, nunquid inter orientalem Stellam, & Iouem Stellula mediaret, verum Ioui quam proxima, adeo vt illum fere tangeret; At hora quinta hanc manifeste vidi medium iam inter Iouem, & orientalem Stellam locum exquisite occupantem, ita vt talis fuerit
Ori. * • * * Occ.
configuratio. Stella insuper nouissime conspecta admodum exigua fuit; veruntamen hora sexta reliquis magnitudine fere fuit æqualis.

Die 20. hora 1. min. 15. constitutio consimilis visa est. Aderant tres Stellulæ adeo exiguæ, vt vix
Ori.
O.i. * * * Occ.
percipi possent; a Ioue, & inter se non magis distabant minuto vno: incertus eram, nunquid ex occidente duæ an tres adessent Stellulæ. Circa horam sextam hoc pacto erant dispositæ. Orien-
Ori. * ** Occ.
talis enim a Ioue duplo magis aberat quam antea, nempe min. 2. media occidentalis a Ioue distabat min. o. sec. 40 ab occidentaliori vero min. o. sec. 20. Tandem hora septima tres ex occidente visæ fuerunt Stellulæ. Ioui proxima aberat ab eo min.
Ori. * * * Occ.
o. sec. 20. inter hanc & occidentaliorem interuallum erat minutorum secundorum 40. inter has vero alia spectabatur paululum ad meridiem deflectens; ab occidentaliori non pluribus decem secundis remota.

Die 21. hora o. m. 30. aderant ex oriente Stellulæ tres, æqualiter inter se, & a Ioue distantes; in-
Ori. *** * Occ.
terstitia vero secundũ existimationem 50. secundorum minutorum fuere, aderat quoque Stella ex occidente a Ioue distans min. pr. 4. Orientalis Ioui proxima erat omniũ minima, reliquæ vero aliquãto maiores, atq; inter se proxime æquales.

Die 22. hora 2. consimilis fuit Stellarum dispositio. A Stella orientali ad Iouem minu-
Ori. * ** * Occ.
torum primorum 5. fuit interuallum a Ioue

En haut : Méthode de Galilée pour mesurer l'altitude des montagnes de la Lune, d'après une lettre qu'il adressa en 1611 à Christoforo Grienberger. (Ann Ronan Picture Library, Taunton.)
En bas : Dessins de Galilée sur ses observations des quatre principaux satellites de Jupiter, reproduits dans son *Siderius nuncius*, 1610. (Ann Ronan Picture Library, Taunton.)

En haut, Machine de [illegible] les [illegible] [illegible] Crist-foro [illegible] Rome [illegible]
En bas, [illegible] de [illegible] 1510 [illegible] Roman [illegible]

3. La science de la nature

Cette fois, nous faisons un bond dans le temps. Quelle légitimité y a-t-il à cela ? Nous voilà déjà au siècle des grandes découvertes. Quel dialogue la philosophie engage-t-elle avec la science de la nature ? Qu'a-t-elle à dire de la nouvelle physique élaborée par Copernic et Galilée ? Descartes découvre le « Je pense » et les « idées claires et distinctes ». Ne pourrait-on y voir comme un second commencement de la philosophie ?

On le pourrait. La grande révolution physicienne, commencée au XVIe siècle et poursuivie au XVIIe, correspond à l'élaboration du système de Galilée et à son administration par René Descartes. Mais en passant de la constitution du champ de la philosophie à travers la pensée et les textes de Platon et d'Aristote – Aristote meurt dans le dernier tiers du IVe siècle avant J.-C. – aux penseurs du XVIe siècle, je saute vingt siècles d'histoire. C'est proprement scandaleux. Cela l'est d'autant plus que les manuels scolaires semblent, eux aussi, méconnaître ces siècles intermédiaires. On considère que ce qui s'est passé dans l'orient de la Méditerranée après l'effondrement de la cité grecque – à partir du IIIe siècle avant notre ère – est confus et sans importance. On ne s'intéresse qu'à ce qui se passe à l'occident de la Méditerranée, à Rome. Et l'on qualifie encore souvent le Moyen Age d'« obscurantiste ». Ce qui est faux.

L'orient de la Méditerranée, entre le IIIe siècle avant J.-C. et le Ve-VIe siècle de notre ère, connaît une vie culturelle très importante, en particulier avec les développements de la pensée néoplatonicienne. Puis vont apparaître des phénomènes aussi importants que l'islam, la pensée qui se construit autour de la prophétie de Mahomet.

Du côté de l'Occident, dès les Pères de l'Église, dès le IIIe siècle, il se produit des événements intellectuels d'une importance capitale. Il suffit de citer saint Augustin et *La Cité de Dieu*, saint Bernard et son combat héroïque pour les croisades et contre les hérésies – ou ce qu'il considérait être des hérésies –, l'admirable monument de Thomas d'Aquin et ce qu'on a pu appeler la « première » Renaissance du XIIIe siècle.

> Sans doute est-ce une erreur que de minimiser l'importance de ce qui s'est produit au cours de ces siècles. Mais c'est une idée reçue qui a la vie dure que celle d'un Moyen Age obscur.

Eh bien, il faudrait essayer de se débarrasser de cette notion d'un entre-deux. Le Moyen Age est aussi important que ce qui l'a précédé ou suivi. D'ailleurs, je reviendrai là-dessus quand j'aurai à parler de la théorie politique, car les concepts essentiels qui dirigent la philosophie politique à partir du XVIe siècle, à partir de Machiavel, mais surtout de Jean Bodin, de Hobbes, de Locke, sont sortis de la pensée médiévale et, en particulier, de la réflexion de la papauté face au problème du pouvoir temporel.

Mon plan est donc arbitraire, lié surtout à la décision que j'ai été obligé de prendre – pour ce projet limité – d'insister sur ce qui est constitutif de l'apparence de notre époque, caractérisée par le développement de la rationalité technique. Au fond, il s'agit de comprendre comment cette rationalité technique est apparue, autour de quelles idées principales elle s'est constituée et pour quelles raisons elle s'est imposée. D'où, dans un premier moment, l'approche de la notion de raison à travers Platon et Aristote pour arriver à saisir comment elle se trouve articulée, aujourd'hui, sur l'idée de science. Je voudrais faire également à ce propos une autre remarque liminaire. Dans ma présentation de l'invention de la rationalité philosophique par Platon et par Aristote, j'ai insisté sur l'importance des facteurs politiques, sous-jacents à cette invention. C'est que je considère que la philosophie, dans son développement, n'est jamais indépendante du contexte à l'intérieur duquel elle apparaît et se développe.

> Pour comprendre la démarche de Platon et celle d'Aristote, il faut se situer au sein de la cité grecque. Elles se posent, l'une et l'autre, comme une réponse à la problématique de la cité. Mais qu'est-ce que cela implique ?

Cela veut dire que la philosophie n'a pas d'objet à soi. La philosophie est une discipline, un genre culturel, qui s'efforce de déterminer un style, un mode de démonstration. De ce fait, elle se distingue d'autres genres culturels, par exemple l'histoire, la rhétorique, ou la tragédie et l'art du théâtre. La philosophie emprunte ses objets à une réalité extérieure. Pour les Grecs, cet objet extérieur, c'est essentiellement la politique, la cité. Une preuve que la philosophie, bien qu'absolument autonome dans la détermination de son style, n'est pas indépendante de son contexte. Le recommencement de la philosophie au XVIe et au

XVIIe siècle est lié à l'apparition d'un autre contexte, celui de la science. Cette fois, la philosophie ne va pas se nourrir de la réalité politique, mais des transformations profondes de la conception de la nature. Nous verrons par la suite qu'à la même époque, tandis que Descartes s'interroge sur la signification de la science, d'autres penseurs réfléchissent sur les transformations de la société. Nous verrons, encore plus tard, comment au XIXe siècle la pensée est déterminée par le fait qu'une réalité extérieure s'impose, qu'un philosophe digne de ce nom doit en débattre ; le fait que, décidément, les sociétés ne sont pas immobiles : elles sont de l'histoire. Nous serons amenés à nous demander ce qu'il en est, aujourd'hui, de l'objet extérieur qui ensemence la réalité philosophique et la contraint à développer ces formes d'autonomie.

Toutes ces précisions étant données, revenons à notre sujet. Essayons de mieux cerner le contexte de la Renaissance.

Pour faire bref, je dirais que je critique le terme de « Renaissance », comme j'ai critiqué le terme de « Moyen Age ». En fait, ce qu'on appelle « Renaissance » n'est qu'une brutale radicalisation d'une série de progrès faits dans les siècles précédents. D'un seul coup, tous ces progrès, qui, pour des raisons et des causes multiples, s'étaient accumulés d'une manière assez secrète sans entrer en contact les uns avec les autres, interagissent soudain entre eux. Cela crée l'événement majeur que l'on a coutume d'appeler « Renaissance ». Il serait peut-être plus juste de l'appeler « apparition » ou « affleurement » de la modernité. Avant, ce n'était pas le sommeil. Il y avait une vie intense, d'où est issue, par brusque cristallisation, cette forme particulièrement originale et éclairante.

> Pour qui se souvient de ses manuels scolaires, la Renaissance, ce sont les grandes découvertes. Cela commence avec l'Amérique et l'imprimerie.

Certes, mais il y a bien d'autres choses. Je serai amené à insister sur l'importance d'un événement religieux comme la Réforme. Aujourd'hui, concentrons-nous sur l'importance d'un événement intellectuel : l'apparition de la physique. Pour comprendre ce qu'il s'est passé, en dehors des aspects strictement techniques, il faut savoir que, dans la seconde moitié du XVe siècle et au XVIe, il s'est produit une mutation dans l'intérêt des hommes. Pour en parler d'une manière simple, j'évoquerai simplement l'atelier de Verrocchio, à Florence, aux environs des années 1480. Dans cet atelier il y a un maître d'œuvre, Verrocchio, sculpteur, mais aussi décorateur, comme on dirait maintenant. Il fait des bijoux, aménage les maisons, les places publiques. Il a réuni autour de lui des jeunes gens particulièrement doués qui s'attellent un peu à toutes les tâches – aussi bien faire des tableaux sur la commande de notables de Florence que porter les blocs de pierre qui vont servir à la construction de tel balustre ou de telle statue. Dans cet atelier, ces jeunes gens – ils seront les grands peintres de l'époque – ont un contact direct avec la matière. Ils sont à la fois artisans et techniciens et, en même temps, Verrocchio leur apprend à se considérer comme explorateurs de la réalité. Ils ont une pratique en relation avec la réalité matérielle, et Verrocchio leur demande d'avoir un regard constamment éveillé, de ne rien manquer de ce qui se passe. Il leur explique que, pour sculpter ou peindre un cheval, il faut savoir comment il est fait, il faut aller à l'abattoir pour regarder les muscles du cheval au moment où l'équarisseur commence son travail. Il y a une véritable éducation de l'œil, liée à un intérêt particulier pour la matérialité des choses. Dans l'atelier de Verrocchio se passent donc des événements exceptionnels qui expliquent la prodigieuse floraison d'œuvres qui en sortiront, tant sur les plans pictural qu'architectural et sculptural.

Revenons à l'imprimerie dont vous parliez. Imaginons la transformation dans la diffusion du livre. Jusqu'alors, les livres étant en très petit nombre, l'habitude avait été prise de les lire à haute voix, de telle sorte que, même seul, le lecteur était accoutumé à se lire à haute voix le livre qu'il avait sous les yeux. On rend compte d'un des éléments de la civilisation monacale par cette nécessité de lire les textes à haute voix et de s'isoler, par conséquent, dans une chambre. Or, avec la multiplication des livres, on commence à lire avec les yeux. On ne se lit plus le texte en le parlant, on le découvre directement, visuellement. Ainsi, d'une certaine manière, le livre prend un aspect plus abstrait. L'œil est un explorateur plus délié – Aristote le disait déjà au IVe siècle avant J.-C. – que ne l'est l'oreille. Là encore, l'intérêt pour la matière, pour la réalité sensible, se développe. Bien d'autres causes interviennent : le développement de la civilisation urbaine, de l'artisanat, la radicalisation et la mise en application technique de toutes les inventions du Moyen Age. Tous ces éléments font que se produit un ébranlement dans la conception du monde. Celui qui le signale avec le plus d'intensité, c'est peut-être Copernic. La révolution physicienne des XVIe et XVIIe siècles commence avec lui. Son ouvrage fondamental est publié au milieu du XVIe siècle. Les textes essentiels de Galilée, eux, paraîtront au XVIIe siècle, et l'œuvre qui va diffuser ces textes, les rendre accessibles, l'œuvre cartésienne, ne viendra qu'en 1637.

Comment s'opère la révolution copernicienne ?
Pour comprendre la nature de l'apport de Coper-

nic, il faut rappeler la conception dominante du monde à l'époque.

C'est, bien sûr, la conception aristotélicienne, mais profondément remaniée et approfondie durant ces très longs siècles. On a coutume de placer la vision du monde qui domine alors sous l'égide de Ptolémée, un penseur de langue grecque qui a réfléchi sur les hypothèses d'Aristote. Le monde de cette physique aristotélicienne est hiérarchisé. Il a un haut et un bas. En haut, la forme pure ; en bas, la matière première. A l'intérieur de ce monde il y a une frontière, une véritable coupure. Au-dessus, la réalité supra-lunaire ; au-dessous, la réalité sub-lunaire. La Lune marque la limite de l'un et l'autre espace. Le monde supra-lunaire est constitué de matière subtile. Les formes qui s'y meuvent ne rencontrant pas d'opposition ont un mouvement régulier et répétitif. Au contraire, dans le monde sub-lunaire, le nôtre, les mouvements sont tous singuliers. Chaque corps existant ici-bas est composé d'une forme et d'une matière qui luttent l'une contre l'autre. La forme s'efforce d'imposer sa forme à la matière, et la matière résiste à cette information. Dans notre monde sub-lunaire, il y a des mouvements naturels : celui qui fait que le feu monte, celui qui fait que la pierre tombe, celui qui fait que l'eau s'écoule. Et puis il y a les mouvements « violents », que l'on peut imposer aux réalités existantes – par exemple, lorsqu'on lance un caillou, on tente de lui imposer une autre direction que la sienne propre, qui est d'aller vers le bas. C'est, bien sûr, toujours le mouvement naturel qui l'emporte. Cette description du monde entraîne comme conséquence deux sciences de la réalité naturelle : la science du supra-lunaire, l'astronomie ; la science du sub-lunaire, la physique. La physique et l'astronomie ne reposent pas sur les mêmes principes. L'astronomie, étudiant des mouvements réguliers, peut être pensée avec des idées, des notions tirées de la géométrie. Cette méthode n'est pas pertinente dans le monde sub-lunaire : la physique aristotélicienne est purement descriptive, c'est une physique de constat. Comme je le disais tout à l'heure, on constate que le feu monte et que la pierre tombe...

> C'est donc à partir de cette vision du monde que Ptolémée a construit son astronomie, dont l'élément le plus connu est que la Terre est au centre du système.

On sait déjà que la Terre est ronde ou, disons, possède de la rotondité. Autour glissent, les unes sur les autres, des sphères – on en compte en général sept. Comme on a une bonne connaissance du mouvement des astres – à cet égard, l'astronomie arabe a apporté de nombreuses informations –, on arrive, en compliquant un peu la rotation de ces sept sphères, à rendre compte de la régularité de ce mouvement. D'une certaine manière, cette vision qui met la Terre au centre de l'Univers est satisfaisante. Des hommes ont pu vivre avec et comprendre ce qui se passait dans le ciel. Mais les découvertes, progressivement faites par les divers astrologues et astronomes, malmènent de plus en plus l'hypothèse ptolémaïque. Pour expliquer le mouvement de certaines planètes que l'on n'avait pas bien repérées, de la position respective des étoiles que l'on observe, il faut compliquer considérablement ce schéma cosmologique. Si bien que l'idée de simplifier les choses – elle est bien antérieure à Copernic – s'impose peu à peu. L'un des arguments méthodologiques que l'on a retenus du Moyen Age, c'est que la meilleure hypothèse est l'hypothèse la plus simple, celle qui fait appel au moins d'entités explicatives possible.

C'est ce qu'on appelle le « rasoir d'Occam ». Et Copernic se situe bien dans cette perspective. Il se demande s'il n'y a pas un moyen plus simple que ces sphères qui pivotent les unes sur les autres pour expliquer l'apparence des étoiles et le mouvement de ces astres errants qu'on appelle « planètes ».

> Copernic, *Des révolutions des orbes célestes*, A. Blanchard, 1970 (trad. A. Koyré) [lettre-préface de Copernic au pape Paul III].
>
> Je savais qu'à d'autres savants avant moi fut accordée la liberté d'imaginer n'importe quels cercles afin d'en déduire les phénomènes des astres, je pensai qu'il me serait également permis de faire l'expérience de rechercher si, en admettant quelque mouvement de la terre, on ne pouvait trouver une théorie plus solide des révolutions des orbes célestes que ne l'étaient celles de ceux-ci.
> C'est ainsi que je trouvai enfin par de longues et nombreuses observations que, si les mouvements des autres astres errants étaient rapportés au mouvement [orbital] de la terre, et que celui-ci était pris pour base de la révolution de chacun des astres, non seulement en découlaient les mouvements apparents de ceux-ci, mais encore l'ordre et les dimensions de tous les astres et orbes, et qu'il se trouvait au ciel lui-même une connexion telle que dans aucune de ses parties on ne pouvait changer quoi que ce soit sans qu'il s'ensuive une confusion de toutes les autres et de l'Univers tout entier.

Copernic – est-ce une précaution de sa part ou est-il tout à fait honnête en faisant cela ? – exhume, parmi les multiples hypothèses cosmogoniques qu'on avait faites jusqu'alors, celle d'Aristarque de Samos. Cet astronome grec avait fait l'hypothèse que le Soleil se trouvait au centre de notre Univers, et Copernic part de cette hypothèse. Son travail est alors essentiellement, pourrions-nous dire, un travail de bureau. Il ne fait pas d'observation. Il se demande laquelle des deux hypothèses est la meilleure. Il développe l'idée que c'est bien le Soleil qui se trouve au centre de l'Univers et que la Terre est une des planètes qui gravitent autour. C'est une hypothèse parmi d'autres. Lorsque Copernic publie son livre sur les orbites célestes, d'autres recherches du même ordre sont en cours. Son travail ne soulève pas un étonnement particulier. Son hypothèse possède l'avantage d'être plus simple. De plus, elle peut être exprimée en langage mathématique. Elle a déjà une expression géométrique et l'idée se profile que l'on pourrait mathématiser tout cet ensemble. Pour cette raison l'hypothèse intéresse, mais elle conserve un certain nombre de résidus inexplicables. Alors, d'autres penseurs travaillent. Tycho Brahe, pour éliminer ces résidus, complique l'hypothèse de Copernic. Kepler, lui aussi, s'efforce de faire disparaître ce qui ne convient pas dans l'héliocentrisme copernicien, et va jouer le rôle décisif. Curieusement, c'est peut-être beaucoup moins parce qu'il propose des orbites elliptiques, au lieu des orbites circulaires imaginées par Copernic, que Kepler joue ce rôle déterminant que parce que son propre schéma permet de tirer des tables de prévisions beaucoup plus précises que celles qui existaient alors. Le paradoxe – on pourrait dire : la ruse de l'histoire –, c'est que le succès du système de Copernic vient de la renommée de Kepler en tant qu'astrologue. A l'époque, on ne distingue pas entre astrologue et astronome. La divination a une grande importance. Chaque souverain s'entoure d'astrologues qui s'efforcent de percer les secrets de l'avenir.

> L'astrologie est une science officielle. Or, voilà qu'on se rend compte qu'il est beaucoup plus facile de faire de la divination astrologique à partir des tables tirées de l'hypothèse de Copernic revues par Kepler qu'à partir de la vieille conception du monde.

C'est de cette étrange manière que l'hypothèse copernicienne commence à susciter un vif intérêt auprès du public. La papauté ne s'émeut pas de l'hypothèse de Copernic. Elle se développe sans attirer la moindre réaction du côté des tribunaux de l'Inquisition. Certes, il y a le cas de Giordano Bruno, un disciple de Copernic, mais ce qu'on lui reproche, c'est beaucoup moins d'adopter l'héliocentrisme que de prétendre le monde infini. Cela, les tribunaux ecclésiastiques ne l'acceptent pas. Seul Dieu peut être infini. La réalité créée ne peut être que finie. Il y a là une atteinte au dogme. Ce n'est pas l'aspect scientifique de l'œuvre de Giordano Bruno qui est condamné – il faut bien le préciser –, ce sont ses extrapolations théologiques. Le pauvre Giordano Bruno sera brûlé à Rome en l'an 1600.

> Les ennuis de la physique avec les autorités ecclésiastiques vont commencer avec Galilée.

Il faut dire que l'entreprise galiléenne est autrement contestataire. Copernic, très prudemment, reste au niveau des hypothèses. Galilée, lui, propose une véritable révolution intellectuelle en même temps que cosmologique. Il construit cette révolution cosmologique à partir de ses expériences. Il est vrai qu'il a perfectionné la lunette astronomique et acquis un crédit considérable en montrant aux notables italiens qu'il y avait des montagnes sur la Lune. Mais sa grande entreprise, moins spectaculaire, est ailleurs. En faisant patiemment rouler des billes sur un plan incliné, en regardant le mouvement des pendules, en expérimentant avec un soin extrême, il en est arrivé à cette conclusion que le sub-lunaire et le supra-lunaire sont soumis aux mêmes principes – je n'ose pas dire le mot « loi », ce mot n'apparaîtra qu'ultérieurement dans la pensée scientifique. La proposition fondamentale de Galilée, c'est : le monde est un. Qu'il s'agisse des planètes, du caillou, de l'air ou des nuages, toutes ces réalités obéissent aux mêmes principes. Là encore, je n'évoque pas le principe d'inertie puisque, selon les travaux érudits, il ne semble pas que Galilée l'ait énoncé, mais il est présent dans toute son œuvre.

> Galilée est l'homme qui a construit la représentation de l'Univers que nous avons encore aujourd'hui, quels qu'aient été depuis cette première moitié du XVIIe siècle les progrès accomplis par la physique.

Oui. Par exemple, souvent un peu légèrement, on dit que la révolution de la relativité bouleverse la physique classique. C'est vrai, mais dans le champ de la physique classique. C'est un bouleversement interne et non externe. Alors qu'en fait Galilée a construit l'image du monde autour de laquelle s'est fabriquée la réalité que nous connaissons. Cette unification se fait, en outre, dans des perspectives de méthode qui sont aussi extrêmement nouvelles. Il faut bien voir que cette époque – seconde moitié du XVe siècle-XVIe siècle-début du XVIIe – connaît aussi un grand développement des mathématiques. C'est un temps où s'exploitent toutes les découvertes faites antérieurement, soit par les Grecs, soit par les Arabes. Alors, la mathématique se constitue comme un corpus d'ensemble ayant ses règles, son langage, offrant l'image d'une rationalité intégrale, transparente. En particulier, l'algèbre acquiert ses propres notations et fait des progrès considérables. Or Galilée veut montrer – je cite une des formules de *L'Essayeur*, un de ses ouvrages – que la nature écrit en langage mathématique.

Galilée, *L'Essayeur* (232), Les Belles Lettres, 1980 (trad. Christian Chauvire).

La philosophie est écrite dans cet immense livre qui se tient toujours ouvert devant nos yeux, je veux dire l'Univers, mais on ne peut le comprendre si l'on ne s'applique d'abord à en comprendre la langue et à connaître les caractères avec lesquels il est écrit. Il est écrit dans la langue mathématique et ses caractères sont des triangles, des cercles et autres figures géométriques, sans le moyen desquels il est humainement impossible d'en comprendre un mot. Sans eux, c'est une errance vaine dans un labyrinthe obscur.

Il faut expliquer cela pour qu'on comprenne l'importance de la révolution cartésienne, c'est-à-dire la révolution philosophique qui en découle et qui est à l'origine intellectuelle du monde moderne.

Si l'on se situe dans l'optique traditionnelle aristotélicienne et scolastique, la science du monde sensible, sub-lunaire, est purement descriptive. Elle s'exprime en langage quotidien, elle n'a pas un langage privilégié. C'était l'opinion d'Aristote et, depuis lors, on n'a pas apporté de modifications à cette idée. Galilée prétend que, quelque compliqué que soit un objet sensible, il est toujours possible, par abstraction mentale, par effort d'analyse, de réduire cette forme compliquée en une forme complexe. Je veux dire par là de transformer ce volume compliqué en une somme de *n* volumes simples. Bref, il n'y a, par conséquent, aucune raison de ne pas géométriser le donné sensible. Plus la réalité considérée sera compliquée, plus le schéma qu'on en tire sera complexe, et plus il faudra multiplier les volumes simples, mais l'opération, affirme Galilée, est toujours possible – opération exigée par l'entreprise d'intelligibilité de la nature.

> Si l'on peut calculer le volume des réalités simples, alors on doit pouvoir calculer le volume de n'importe quel objet, si apparemment compliqué soit-il. Ainsi, Galilée se propose de projeter toute réalité qui se donne dans l'espace géométrique défini par Euclide et de rendre possible sa mathématisation, donc de le rendre intégralement transparent.

Cette fois, la science du réel n'est plus une science descriptive ; elle devient explicative, capable de se développer, grâce à la mathématique, par déduction, par interpolation, c'est-à-dire en imaginant ce que l'on ne voit pas, ou par extrapolation, c'est-à-dire en développant dans le cadre de l'expérience possible ce qui est donné dans l'expérience actuelle. Ce que je viens de dire d'un volume peut s'appliquer – bien que ce soit plus difficile à faire – au mouvement. Dès lors, Galilée peut affirmer que la réalité sensible est intelligible, pourvu que l'on fasse les analyses nécessaires et que l'on s'attache à perfectionner l'instrument mathématique. Il n'y a rien qui puisse échapper à l'intelligence humaine. Ce n'est, d'ailleurs, pas sur ce terrain qu'il a été attaqué. Ses ennuis vinrent du fait qu'avec beaucoup de vigueur et – on peut le dire – une certaine imprudence il a dénoncé les imprécisions et les confusions des textes doctrinaux fondamentaux de l'Église. Il a été traîné devant le tribunal de l'Inquisition et contraint de renoncer à la conception du monde qu'il développait. Il a été assigné à résidence. Il transmettra avant de mourir l'essentiel de son message – comme nous le rappelle Bertolt Brecht dans une admirable pièce, *Galileo Galilei* – par de très beaux textes, les *Dialogues*, où il prend le visage du philosophe platonicien.

> Dans la mesure où il est du parti des mathématiques, on peut dire qu'il se drape dans la toge du platonisme. Mais René Descartes, dans cette affaire ? En quoi est-il l'« administrateur » de la révolution copernico-galiléenne ?

Parce qu'il a popularisé la nouvelle physique et qu'il a mené le combat, dans les milieux intellectuels, pour que celle-ci soit acceptée en dépit de la condamnation qui avait frappé Galilée. Descartes est absolument de son temps. Il appartient à une famille de toute petite noblesse, et comme tel il suit des études normales, d'abord dans un collège de jésuites, ensuite dans une faculté où il étudie le droit pour éventuellement succéder à son père, magistrat dans un parlement de province. Comme les jeunes gens de bonne famille, il décide – c'était la coutume à l'époque – de se familiariser avec le monde. N'ayant pas de fortune, il s'engage, à l'âge de vingt ou vingt-deux ans, dans les armées étrangères. Il parcourt ainsi la Hollande, l'Allemagne. Il participe, dit-on, à la bataille de la Montagne-Blanche. Puis en 1619, à vingt-trois ans, il a, à ce qu'il dit lui-même, une illumination : Dieu, dans un rêve, lui indique qu'il doit participer à la révolution scientifique, qu'il doit révolutionner le savoir. Bien informé, il décide de commencer par le commencement, c'est-à-dire les mathématiques. Il prend contact avec les mathématiciens de son temps et se perfectionne en ce domaine. Il lit toutes les productions modernes et devient un disciple de la nouvelle physique. Il commence la rédaction d'un traité – sans doute aux environs de l'année 1628 – dans lequel il cherche à préciser la méthode qu'il entend suivre étant donné la connaissance des mathématiques qu'il a acquise. Il abandonne ce traité en cours de route mais, heureusement, nous en avons gardé le texte qui fut publié au début du XVIIIe siècle. C'est le fameux livre sur les *Règles pour la direction de l'esprit.* Il fait, en même temps, des recherches méthodologiques, de la physique et de la philosophie. Son regard embrasse un très vaste domaine. Il est physicien praticien et va laisser dans ce domaine des résultats que l'on enseigne encore dans nos lycées (les lois de l'optique géométrique). Comme il est décidé à révolutionner le savoir, il s'efforce de tirer les conséquences méthodologiques de la pratique scientifique qu'il utilise. Il sait qu'il va y avoir des résistances du côté du savoir en place, de la Sorbonne en particulier, alors il fait aussi de la philosophie. Mais ce qui frappe le plus, c'est son premier acte : la publication, en 1637, du *Discours de la méthode.* Première remarque : le *Discours de la méthode* n'est pas publié seul. C'est, en fait, l'introduction qui accompagne la publication de trois opuscules scientifiques : un opuscule de géométrie, un d'optique et un d'astronomie, où il est question des météores.

> En effet, il s'agit d'un ensemble liant des considérations méthodologiques et philosophiques à des exemples de travaux scientifiques.

De plus, le *Discours de la méthode* est un ouvrage écrit en français, non en latin. Cela veut dire qu'il vise un certain public. Descartes ne s'adresse pas aux docteurs, aux érudits, il cherche à convaincre ce que nous appelons aujourd'hui l'*intelligentsia.* Dans la dernière partie du *Discours de la méthode*, il est directement fait appel au concours de tous ceux qui veulent améliorer la vie de l'homme en ce bas monde. Descartes a ressenti très durement la condamnation de Galilée en 1633. Il a, semble-t-il, renoncé à poursuivre et à publier le *Traité du monde* qu'il était en train de rédiger pour ne pas être condamné lui-même. Mais, dès cette époque, Descartes a son projet fondamental – je le cite : « Rendre l'homme maître et possesseur de la nature. »

> Descartes, *Discours de la méthode* (6e partie), in *Œuvres et Lettres*, Gallimard, « Bibl. de la Pléiade », p. 168.
>
> [Mes découvertes en physique] m'ont fait voir qu'il est possible de parvenir à des connaissances qui soient fort utiles à la vie, et qu'au lieu de cette philosophie spéculative qu'on enseigne dans les écoles on en peut trouver une pratique, par laquelle, connaissant la force et les actions du feu, de l'eau, de l'air, des astres, des cieux et de tous les autres corps qui nous environnent, aussi distinctement que nous connaissons les divers métiers de nos artisans, nous les pourrions employer en même façon à tous les usages auxquels ils sont propres, et ainsi nous rendre comme maîtres et possesseurs de la nature.

Il fait appel aux intellectuels de son temps parce qu'il sait très bien qu'une telle entreprise exige une décision et un travail collectifs. Voilà en quoi il est amené, peu à peu, à abandonner son travail proprement scientifique pour se livrer à cette tâche d'administrateur – je ne vois pas quel autre terme employer – de la nouvelle physique. Il décide de la faire triompher sur tous les plans. C'est dans cette perspective que, en 1641, il se décide à écrire en latin un traité proprement philosophique, celui-là, métaphysique même, les *Méditations métaphysiques*. Il le fait circuler, avant de le publier, pour recueillir les objections et y répondre de façon à convaincre les docteurs de la Sorbonne qu'il n'y a pas lieu de s'inquiéter, concernant la vraie foi, du développement de la physique. Il montre que le développement de la physique est indépendant du maintien de la foi traditionnelle, à laquelle il semble que Descartes lui-même était très attaché.

Quelle est alors la question philosophique que se pose Descartes ?

Lorsque Hegel déclare Descartes philosophe fondateur de la modernité, il vise juste. Si on accepte la vérité de la nouvelle physique, on ne peut plus fonctionner avec la même ontologie, avec la même conception de l'être, du réel. Il n'est plus possible de maintenir les idées aristotéliciennes de forme et de matière de l'âme. Il faut refonder de fond en comble la représentation du réel, opérer un déplacement décisif. Descartes pose la question cruciale de la nature du sujet connaissant et de la nature de l'objet connu. En simplifiant, on pourrait dire que, jusqu'à Descartes, la philosophie s'est posé la question : Qu'est-ce que l'être ? Comment est-il fait ? Descartes substitue à

Descartes, *Méditations* (3e partie), in *Œuvres et Lettres*, Gallimard, « Bibl. de la Pléiade », p. 284.

Je fermerai maintenant les yeux, je boucherai mes oreilles, je détournerai tous mes sens, j'effacerai même de ma pensée toutes les images des choses corporelles, ou du moins, parce qu'à peine cela peut-il se faire, je les réputerai comme vaines et comme fausses ; et ainsi m'entretenant seulement moi-même, et considérant mon intérieur, je tâcherai de me rendre peu à peu plus connu et plus familier à moi-même. Je suis une chose qui pense, c'est-à-dire qui doute, qui affirme, qui nie, qui connaît peu de choses, qui en ignore beaucoup, qui aime, qui hait, qui veut, qui ne veut pas, qui imagine aussi, et qui sent. Car, ainsi que j'ai remarqué ci-devant, quoique les choses que je sens et que j'imagine ne soient peut-être rien du tout hors de moi et en elles-mêmes, je suis néanmoins assuré que ces façons de penser, que j'appelle sentiments et imaginations, en tant seulement qu'elles sont des façons de penser, résident et se rencontrent certainement en moi. Et dans ce peu que je viens de dire, je crois avoir rapporté tout ce que je sais véritablement.

cette question : Qu'en est-il de la connaissance ? Cela revient à valider l'entreprise de Galilée, à montrer dans quelles conditions générales le travail de Galilée devient intelligible. C'est ainsi que, dans ses admirables *Méditations métaphysiques*, Descartes développe sa fameuse théorie du *Cogito*. Je ne peux malheureusement pas reprendre le détail de l'œuvre cartésienne. Je ne peux qu'inviter chacun à lire ce texte. Les *Méditations métaphysiques* dans la traduction française du texte latin, révisée par Descartes lui-même, est un texte admirable. Descartes était aussi un grand styliste.

> Ne reprenons pas les moments de la démonstration. Mais voyons les résultats.

Le sujet connaissant, nous dit Descartes, c'est le « Je pense ». Le « Je pense » se conçoit de lui-même. En effet, même si je décide de douter de tout, je ne peux faire que je ne sois pas dès le moment où, doutant de tout, je me rends compte, avec une évidence incontournable, que je pense. Douterais-je de ce monde qui m'entoure, je ne pourrais faire que je ne sois pas, puisque, pour douter, il faut être. Descartes tire cette leçon que, quand bien même il n'y aurait pas de matière, il y aurait, à tout le moins, un sujet pensant. Admirable démonstration métaphysique qui a fait l'objet de maintes contestations, de maintes réfutations. N'entrons pas dans les disputes d'école, notons simplement, pour ce qui nous intéresse ici, que ce sujet est pensée pure. C'est très exactement le sujet qui est à l'œuvre dans la révolution copernico-galiléenne. Car enfin, en quoi consiste la révolution de Copernic ? En quoi consiste l'héliocentrisme ? Cela consiste à dire au sujet empirique qui est là sur cette Terre : Tu crois que le monde est comme tu le vois. Moi, je vais te faire la proposition de te transporter par l'esprit sur le Soleil et de regarder le monde de là. Alors, tu t'apercevras que la réalité devient transparente. Lorsque tu étais sur cette Terre, tu devais imaginer des sphères glissant les unes sur les autres, selon un système extraordinairement compliqué. En acceptant de venir avec moi sur le Soleil, donc de te transformer en pensée pure, en recherche d'intelligibilité, tu verras que ce monde si compliqué se réduit à des orbites simples de planètes qui gravitent autour de toi. Kant montrera cela très bien.

> Voilà donc l'opération essentielle : montrer que, s'il y a de la pensée, elle ne peut être que pensée pure, capable d'abstraire le sensible. Plus exactement, cette pensée soumet le monde sensible à une analyse telle qu'on peut, par la suite, revenir vers lui pour le rendre intelligible.

En quelque sorte, en regard de cette pensée pure serait une matière pure, tout entière matière, ne possédant aucun élément spirituel, à la différence de la matière aristotélicienne qui, elle, avait des puissances ressemblant à de l'esprit – les fameuses *virtus* dont Molière se moque dans *Le Malade imaginaire*. La matière est matière pure, et la matière pure est de l'étendue et du moment. Descartes veut aussi démontrer, dans les *Méditations métaphysiques*, qu'à l'origine de ce monde qui est pensée pure et matière pure il y a Dieu, tout-puissant et bienveillant créateur du monde selon des lois simples. Cette affirmation de la simplicité des lois est une pièce essentielle du soutien de la physique galiléenne. La perfection divine exige que Dieu écrive lui-même en langage mathématique en créant le monde puisque le langage mathématique est celui de la rationalité intégrale.

> Nous voyons le sens de l'opération cartésienne. Cela consiste à utiliser les données de la métaphysique traditionnelle, en particulier les données de la théologie chrétienne, pour les harmoniser avec la nouvelle physique, sans en supprimer le caractère sacré.

Cela, c'est la précaution qu'il prend du côté des docteurs de la Sorbonne. Par ailleurs, le système de Descartes suscite, du vivant même de son auteur, un engouement considérable. Descartes n'a jamais été un philosophe maudit. Il s'était réfugié en Hollande, où il avait moins d'ennuis qu'en France. Il a été un peu persécuté par diverses sectes protestantes, diverses universités hollandaises, mais il a recueilli très vite les suffrages des intellectuels de son temps. Il était profondément estimé. Ce n'est pas un hasard s'il a eu de grandes souveraines pour amies : la princesse Élisabeth, la princesse Palatine, et la reine Christine de Suède, auprès de laquelle il ira mourir en 1650.

Rendre l'homme maître et possesseur de la nature : Descartes pensait que c'était un programme réalisable à courte échéance. La suite nous a montré que l'échéance était plus lointaine et que cette maîtrise de la nature n'était, peut-être, pas aussi possible ni bonne que nous le croyions. En tout cas, ce principe va servir de fil directeur à des penseurs, à tout un mouvement intellectuel de fond. Il sera à l'origine de la pensée des Lumières. Il sera également à l'origine du développement de la science et de la technique au XIXe et au XXe siècle. Aujourd'hui, si nous doutons de la validité de ce programme, il n'en reste pas moins le principe même de l'origine de nos sociétés. Je ne crois pas, pour ma part, que l'on puisse juger Descartes à travers les pouvoirs qui s'en sont emparés.

Petit regard en arrière pour contrôler si nous avons bien compris. Vous nous avez parlé de la démocratie grecque à la naissance de la raison. Il semble qu'il s'agisse ici d'une résurgence assez différente. Alors, qu'en a-t-il été de la raison de sa naissance à sa résurgence copernicienne ?

Dans le fond, la recherche de la rationalité n'a pas changé des Grecs à la révolution copernico-galiléenne et à Descartes. Il s'agit toujours de légitimer un discours que tout homme de bonne foi puisse accepter. Il s'agit bien toujours de démontrer, de constituer ce champ dans lequel la vérité est administrée par voie démonstrative et non pas, comme dans la religion, par voie de révélation ou, comme dans le monde empirique, par voie purement expérimentale, au sens le plus faible du mot « expérience ». Qu'est devenue cette raison pendant ces vingt siècles ? Eh bien, elle a été active. Pendant la période que l'on dit à tort « obscurantiste » – je le répète –, le Moyen Age, est née la théologie, une entreprise de rationalisation exemplaire. Qu'est-ce que la théologie ? Admettre, bien sûr, la vérité de la Révélation, mais se tourner ensuite vers ceux qui n'ont pas bien compris la Révélation, les hérétiques, les athées, pour leur montrer la vérité de cette vérité sacrée. En fait, la théologie consiste – selon le vocabulaire des théologiens – à démontrer la lumière surnaturelle grâce aux moyens de la lumière naturelle, donc aux moyens de cette raison que nous possédons tous. C'est bien la même raison qui est à l'œuvre. Ce qui est nouveau, et que j'ai essayé de montrer aujourd'hui, c'est que l'entreprise copernico-galiléenne, et singulièrement celle de Galilée, n'utilise plus le langage quotidien pour élaborer cette raison, mais prend le langage mathématique comme modèle. Il s'agit donc de produire un langage qui soit aussi proche que possible de l'intelligibilité, de l'exactitude et de la rigueur du langage mathématique.

Avec la pensée pure, assiste-t-on alors à la naissance de l'abstraction – j'allais dire : du concept ?

Oui. Tout est lié au fait que le nouvel objet principal de la philosophie va être le sujet connaissant. Descartes n'emploie pas le mot « concept ». Il utilise le mot traditionnel d'« idée », mais, cette fois, c'est bien de la représentation mentale qu'il s'agit, représentation que Descartes veut claire et distincte. Nous pourrions employer le mot « concept » à propos des notations cartésiennes concernant le triangle, par exemple, idée claire et distincte. D'ailleurs Kant, critiquant Descartes, parlera du « concept de triangle ».

Ici, l'idée de triangle n'est plus dans le monde platonicien.

Le triangle n'a de valeur que par rapport au sujet connaissant. Il n'existe pas comme une entité réelle extérieure. Il est élément du sujet connaissant.

Cette croyance en Dieu, aussi bien de Descartes que de Galilée, alors qu'ils sont en train d'élaborer, de fonder, de développer une nouvelle physique qui pose une vérité absolument contradictoire avec le dogme théologique, est étonnante. Comment réussir cette synthèse entre nouvelle physique et réalité divine ?

Je ne connais pas bien les textes de Galilée sur cette question, mais ceux de Descartes sont parfaitement clairs. Selon lui, l'existence de Dieu est une donnée de la lumière naturelle et non de la lumière surnaturelle.

C'est la raison qui démontre l'existence de Dieu. Le problème que vous soulevez ne se pose pas à ses yeux. Naturellement, vous avez raison de le soulever ; nous savons la fureur que la formulation cartésienne va susciter chez Blaise Pascal, qui va s'écrier : Voilà ce Dieu des philosophes, c'est un Dieu qui a perdu toutes ses qualités, ce n'est plus le Dieu de la religion, ce n'est plus le Dieu de Moïse, d'Abraham et de Jacob.

Oui, mais le Soleil remplace la Terre au centre du monde, l'Univers s'ouvre, toute une série de formulations cessent d'être valables. L'esprit doit accepter des contradictions apparentes comme non-contradictions ?

Effectivement, il y a un risque, avec le développement de la nouvelle physique, de voir mis en question les textes sacrés et leur interprétation simple. Ce sera l'entreprise de Spinoza, qui, se situant lui aussi dans le cadre de cette nouvelle physique, à la lumière de la rationalité, va interroger les textes sacrés.

L'autre aspect de cette géométrisation du monde sensible, pour rendre l'homme maître et possesseur de la nature – ce qui fait dire à Hegel que Descartes est le fondateur de la modernité –, ne se manifeste-t-il pas dans l'excès du matérialisme occidental actuel, qui fait de l'homme le principal prédateur de son propre environnement au nom, justement, de la maîtrise et de la possession de la nature ?

Sans doute. Il y a même plus grave, que peut-être les hommes du XVIIe siècle et du XVIIIe surtout n'ont pas vu : les conséquences politico-sociales qu'impliquait cette idée de maîtriser la nature pour mieux asseoir la puissance de l'homme. Nous sommes bien obligés de constater que le développement de cette volonté de maîtriser la nature s'est accompagné d'un développement concomitant de la maîtrise de certains hommes sur d'autres hommes. La question cruciale aujourd'hui semble écologique. Mais une société qui se lance dans une « guerre » contre la nature n'a-t-elle pas, nécessairement, besoin d'un état-major qui commande et d'hommes qui obéissent ? Je ne fais pas là allusion simplement au capitalisme, mais à toute espèce de régime qui se donne comme objectif la conquête de la nature. Par exemple, les régimes dans lesquels une bureaucratie déclare que c'est elle qui a la compétence et que les autres doivent obéir à ses ordres. Si bien que la conquête de la nature devient, d'une certaine manière, un principe entraînant l'assujetissement de certains hommes par d'autres.

Et le progrès, dans tout cela ?

C'est une idée à laquelle, hélas, il faut je crois renoncer. Du moins si l'on entend par « progrès » l'idée d'une amélioration globale du sort de l'humanité. J'espère que ce n'est pas simplement mon âge qui parle. Il n'est vraiment plus possible d'affirmer le progrès, de penser comme les gens du XIXe siècle, comme Victor Hugo, qui parlait de l'immense bonheur du progrès inévitable. Nous constatons que les diverses cultures apportent certains progrès et, parallèlement, des problèmes, des regrets, des régressions dans d'autres domaines. Un exemple à partir de ce que nous avons dit aujourd'hui : l'œuvre cartésienne fait triompher les idées directrices de la nouvelle physique et, de ce fait, représente un progrès pour l'humanité, puisque cela va permettre un accroissement de la puissance de l'homme. Mais, en même temps, sur un plan purement idéel, intellectuel, le cartésianisme, en séparant radicalement la pensée pure du corps, en disant que l'homme est fait d'une âme purement âme et d'un corps purement corps, a instauré un certain nombre de questions extrêmement difficiles. De mon point de vue, la tentative aristotélicienne pour penser la corporéité humaine est infiniment plus efficace que la perspective cartésienne.

Un autre exemple, qui, cette fois, nous fait sortir tout à fait du cartésianisme : le développement de la biologie végétale a permis, semble-t-il, des progrès. Pourtant, les ethnologues attirent légitimement notre attention sur le fait que, en passant à ce stade de la positivité scientifique, les hommes ont énormément perdu dans le domaine de la perception. Il est clair que ceux qu'on appelle, très sottement, des « sauvages » perçoivent beaucoup mieux la nature que nous ne la percevons aujourd'hui. Ils ont une perception différentielle beaucoup plus fine que la nôtre. Leur univers perceptif est infiniment plus riche que le nôtre. Nous avons régressé de ce point de vue. Sur les techniques de guérison par les plantes, les « sauvages » en savent beaucoup plus long que nos actuels chimistes. De plus, il n'est jamais sûr que l'accumulation de biens soit un bien. Nous semblons convaincus aujourd'hui par cette étrange conception quantitative. Ceux qu'on appelle « sauvages » ont une idée très fine du problème que pose l'accumulation. Le fait qu'elle peut asservir et qu'il n'est pas mauvais de consumer les stocks, par exemple dans des libations aux dieux. Nous autres, face à l'accumulation des stocks, nous n'avons trouvé – solution bien misérable – que la guerre.

Je crois que chaque culture a ses inventions. On peut parler d'un progrès dans les domaines mathématique, de la chirurgie, etc., mais on ne peut certainement pas parler de progrès global. J'ajouterai une raison qui devrait nous interdire d'en parler en ces termes : presque tous les grands crimes collectifs ont été perpétrés au nom du progrès.

4. La politique

Nous avons vu comment la philosophie intègre et même formalise la nouvelle physique dans une conception du monde renouvelée. Dans le même temps, les grandes découvertes, la Réforme, l'essor des sciences et des techniques bouleversent le tissu social et, par conséquent, la rationalité, qui s'efforce de penser l'État, de le penser comme principe de la société. Ainsi, la philosophie se confronte à ce qu'on pourrait appeler de « nouveaux » concepts politiques. Ces événements se situent à peu près à la même époque et s'inscrivent un peu dans le même schéma de pensée.

L'ensemble des mutations qui se produisent à la Renaissance marque l'émergence de découvertes et d'inventions qui ont mûri pendant cette longue période qu'on a coutume d'appeler le « Moyen Age » et dont on doit redire qu'elle n'a pas été obscurantiste. La révolution copernico-galiléenne s'inscrit, on l'a vu, dans une nouvelle conception, une nouvelle pratique de la nature. La prise de position de la philosophie face à la réalité politique est déterminée par les transformations qui se produisent au sein de la société. Elles sont de deux ordres. D'une part, un aspect économico-politique : la civilisation urbaine se développe, les arts et les manufactures, comme on dira au

XVIIIᵉ siècle, deviennent de plus en plus importants dans la vie de la société, le commerce s'accroît, la démographie aussi. Avec la découverte de l'Amérique, le « marché » est profondément transformé. Les sociétés doivent répondre à ces transformations, se réorganiser dans le domaine économique, concernant les rapports sociaux du travail, et aussi dans le domaine politique, concernant les rapports sociaux de domination, la relation commandement/obéissance. Voilà pour le premier aspect. Il se produit, d'autre part, un très profond ébranlement, d'ordre spirituel cette fois. Je ne poserai pas la traditionnelle question, que nous ne pouvons résoudre ici, de savoir si c'est l'ébranlement spirituel qui provoque l'ébranlement économique ou si c'est le choc économico-politique qui provoque les changements de la spiritualité. Toujours est-il que l'on constate une profonde usure de la pensée dominante, c'est-à-dire du catholicisme romain : usure administrative et intellectuelle. Le clergé, en particulier le haut clergé, ne colle plus à la société. Il se développe d'une manière autonome, se lançant quelquefois dans des trafics de pouvoir d'ordre tout à fait temporel. Par ailleurs, des phénomènes nationaux apparaissent. Les nations se sont constituées dans un très lent processus qui remonte fort loin. Je ne m'interrogerai pas non plus sur les raisons de cette constitution. Le constat s'impose que, vers le XVIᵉ siècle, autour de langues communes, s'organisent des administrations communes, se cristallisent des mœurs communes. Résultats à la fois de fusions et d'opérations de domination, de brigandage, toujours est-il que les nations existent. Et le cadre catholique romain, universaliste, paraît assez mal adapté pour être concrètement présent au sein des masses populaires.

C'est probablement l'origine de la Réforme. L'ébranlement spirituel qui se produit alors – on l'a souvent remarqué – vise à faire réapparaître la vraie religion, à faire renaître, en quelque sorte, une spiritualité défaillante.

En évoquant ces divers phénomènes, aussi bien les mutations économico-politiques que les transformations spirituelles, on souligne combien la Renaissance est plus un mot qu'une réalité. Il est indéniable que la mutation spirituelle a été préparée par des événements antérieurs. Souvenons-nous des hérésies de Wyclif, en Angleterre, aux environs de 1350, racines de l'anglicanisme, ou de Jean Huss, aux environs de 1400, en Bohême, qui préfigure les éléments de la Réforme luthérienne et calviniste. S'agissant des transformations économico-politiques, nous allons voir maintenant comment les principaux concepts, à l'origine de l'invention de l'État comme puissance souveraine, sont hérités de la théologie. Ces idées de souveraineté, d'autorité, se sont formées très lentement dans les débats entre les papes et les empereurs. De la même manière, un concept très actif comme celui de contrat a été élaboré dans les communes commerçantes de la vallée du Rhin, de même que dans les communautés monacales. Toute une série de faits, pendant la période médiévale, préparent les inventions qui vont s'imposer à l'époque qui nous intéresse.

Voyons comment la pensée philosophique, reliée à la rationalité à l'œuvre dans les découvertes scientifiques, avec l'objectif de construire un discours convaincant, va tenter de répondre aux problèmes généraux posés par ces « désordres » sociaux qui, en même temps que des inventions, produisent ces mutations spirituelles et économico-politiques.

J'évoquerai d'abord deux penseurs, que l'on peut tenir pour les initiateurs de la théorie politique. Parallèlement à cette révolution physicienne, marquée par les noms de Copernic, Kepler, Galilée, se produit donc une révolution dans la pensée de la société. La philosophie s'efforce de répondre à une nouvelle vision du monde naturel et de rendre intelligibles les transformations de l'univers social. Ces deux penseurs sont Machiavel et Jean Bodin.

Machiavel, on le sait, vit à Florence. Il se trouve dans un univers où les troubles sont considérables. L'Italie n'est pas unifiée, elle est partagée entre de multiples petites souverainetés qui se font la guerre. La violence est à son comble : non seulement il y a des guerres entre les diverses cités, mais, à l'intérieur de chacune, se produisent constamment des troubles civils. C'est l'époque des régicides, l'époque – comme on l'a dit – du poignard et du poison. Machiavel constate que cette situation engendre la souffrance, le malheur et le crime. Comment y remédier ? Il lit les historiens romains pour trouver dans leur enseignement quelque remède à cette situation désastreuse. Il se rend bien vite compte qu'il faut poser le problème d'une manière radicale et refuser les idées dominantes de son époque.

Quelles sont-elles ?

Je simplifie beaucoup, mais je crois rendre compte de l'essentiel de la pensée des clercs : la société est considérée comme un fait naturel. L'enseignement d'Aristote dit que l'homme est un animal social, par conséquent que le fait de vivre en société ne doit pas poser de problèmes. Vivre en société étant un fait naturel, les sociétés sont désorganisées parce que les hommes sont méchants ou mal éduqués. A cette première idée aristotélicienne s'ajoute une autre idée, issue de la pensée chrétienne : il y a une providence divine, un ordre divin, et les chefs qui tiennent le pouvoir le tiennent de Dieu. Bien sûr, la Providence agit quelquefois d'une manière trouble, elle semble vouloir des chefs qui tiennent mal la place. Mais on imagine qu'en fin de compte cela doit s'arranger. En somme, le monde social et politique apparaît comme étant de l'ordre du donné. Il faut donc faire avec. Machiavel, comme jadis Platon, pense qu'il faut d'énergiques préparatifs, au contraire, pour sortir d'une telle perspective. On peut dire qu'il est le premier à poser la question politique dans toute sa vigueur. Qu'est-ce qui fait qu'une société est une ? Par quels moyens peut-on éviter la guerre civile et assurer la puissance de la collectivité dans laquelle on se trouve ? Ses réponses sont complètement nouvelles pour l'époque. L'unité de la société, ce qui assure à la fois son être et son maintien, sa perduration, c'est la politique, et la politique est avant tout un acte. Pour qu'existe une société une, il faut un acte fondateur. C'est avec cette idée qu'il écrit, en 1513, *Le Prince.*

Machiavel, *Le Prince* (chap. VIII), Classiques Garnier, p. 61.

Vous devez donc savoir qu'il y a deux manières de combattre, l'une avec les lois, l'autre avec la force. La première est propre aux hommes, l'autre nous est commune avec les bêtes ; mais lorsque les lois sont impuissantes, il faut bien recourir à la force ; un prince doit savoir à la fois combattre en homme et en bête. [...] Or, les animaux dont le Prince doit savoir revêtir les formes sont le renard et le lion. Le premier se défend mal contre le loup, et l'autre donne facilement dans les pièges qu'on lui tend. Le Prince apprendra du premier à être adroit, et de l'autre à être fort. Ceux qui dédaignent le rôle de renard n'entendent guère leur métier...

Machiavel met un homme empirique, qu'il s'efforce d'éduquer, d'enseigner, à l'origine de cet acte politique. Puis il déclare au prince : Sache ce que tu fais si tu veux être prince et être aimé de tes sujets. Si tu veux remplir ta fonction, il faut que tu comprennes que tu dois fonder la société par un acte unificateur de ta volonté.

> Machiavel a été fort mal interprété par la suite. On a fait de lui l'ancêtre de tous les calculateurs politiques. On a même inventé le mot « machiavélisme » pour désigner la rouerie – allons plus loin, la canaillerie – dans le domaine politique.

Machiavel pense non seulement qu'une société doit être fondée, mais qu'elle doit durer. Et, nous explique-t-il, pour qu'une société dure, il faut faire ce qu'il faut pour qu'elle dure. Il est donc vrai que, d'une certaine manière, Machiavel est machiavélique. Mais ce n'est pas le plus important pour nous, qui essayons de penser la constitution de cette théorie politique à l'origine de tous nos États modernes, y compris ceux qui se prétendent les plus novateurs. Retenons surtout cette insistance à déterminer le politique comme une réalité autonome, comme quelque chose qui doit être pensé à part, qui n'est donné ni dans la nature humaine ni dans la nature tout court. La politique est quelque chose qu'il faut penser, sur quoi et par quoi il faut agir. En ce sens, Machiavel est un initiateur. Qu'il n'ait pas été bon juge ou juge suffisamment moral, concernant les moyens à employer, certes, on peut le dire. Mais ce sur quoi il faut insister, c'est qu'en attribuant au prince cette volonté unifiante il nous met sur la route de ce que Jean Bodin va découvrir une soixantaine d'années plus tard, lorsqu'il publiera, en 1576, *La République*.

Pour comprendre la pensée de Jean Bodin et saisir

son importance pour nous, aujourd'hui, il faut expliquer l'origine et la signification d'un certain nombre de concepts, à l'œuvre dans la pensée comme dans la pratique politique jusqu'à maintenant. La pensée chrétienne transporte une idée empruntée à l'Empire romain, mais surchargée par le contexte théologique. C'est celle de *potestas*. Le terme latin veut dire « puissance ». La puissance, c'est le statut de cela qui peut, avec cette idée que cela qui peut peut tout, tout ce qu'il peut. La *potestas*, dans l'Empire romain, est un des attributs de l'empereur. Cette idée, reprise par les Pères de l'Église et, en quelque sorte, délaïcisée, sacralisée, va devenir la seule *potestas* qui soit, celle de l'être infini et créateur, la *potestas* divine. Dieu souverain est seul, au sens strict, à détenir la *potestas*. Lorsque la papauté romaine devient une institution, le pape, écho terrestre de cette *potestas*, comme tel détient l'*auctoritas*, le pouvoir de déchiffrer les textes sacrés, donc de comprendre et d'administrer la parole de Dieu. Très tôt, une rivalité s'est établie entre le pouvoir spirituel de l'Église et les pouvoirs temporels multiples qui se développent au sein de la chrétienté triomphante. Déjà Clovis se convertit au christianisme pour pouvoir assurer son règne. Très tôt les chefs temporels, qui sont des chefs militaires, dirigeants de machines de guerre qui ont conquis des territoires et se sont acculturés, comme on dit maintenant, ont besoin de ce soutien spirituel et administratif que constitue l'Église pour renforcer leur pouvoir terrestre. On se souvient aussi du couronnement de Charlemagne, en l'an 800, à Rome. Dans cette cathédrale s'effectue alors une espèce de partage entre le pouvoir spirituel et le pouvoir temporel. L'empereur va s'instituer le défenseur temporel du pouvoir spirituel, en échange de quoi le pouvoir spirituel apporte son appui au pouvoir temporel.

> Mais il n'est pas difficile de comprendre qu'il s'agit là d'un équilibre instable. Au fil des siècles, la lutte entre Saint Empire romain germanique et papauté se développe. Tantôt le pouvoir temporel l'emporte et soumet le pouvoir spirituel, tantôt c'est le pouvoir spirituel qui triomphe.

Ces divers épisodes sont assortis – comme il convient pour l'homme, animal symbolique qui parle – de discussions où chacun s'efforce de légitimer sa position. En particulier, du côté de la papauté, la volonté légitimante cherche à prouver que l'on a raison, que l'on est dans le bon droit, celui de la Providence divine. Des principes vont s'élaborer, dont celui de *potestas*. Et cela qui n'a rien au-dessus de soi devient une espèce d'enjeu. Chacun reconnaît que seul Dieu détient la puissance souveraine, mais que se passe-t-il ici-bas ?

Grégoire VII, quant à la puissance temporelle, n'y va pas de main morte, si j'ose dire. Voici, par exemple, ce qu'il stipule :

« Article 9 – Le pape est le seul homme dont les princes baisent les pieds.

« Article 12 – Il lui est permis de déposer les empereurs.

« Article 18 – Sa sentence ne doit être réformée par personne, et seul il peut réformer la sentence de tous.

« Article 19 – Il ne doit être jugé par personne... »

Voilà un pouvoir spirituel « diablement » temporel. A l'inverse, on peut remarquer que les chefs temporels ne se gênent pas pour incliner durement les évêques ou les prêtres dans telle ou telle direction et, même, pour s'arroger le droit d'excommunication, qui, en fait, ne devrait appartenir qu'au pouvoir spirituel. Bref, la lutte se poursuit avec des échanges, des mutations de concepts, chacun s'efforçant de prendre les concepts de l'autre. L'épisode de Philippe le Bel est à cet égard le plus intéressant. Lorsque les légistes essaient de légitimer le pouvoir que Philippe le Bel veut soustraire à l'autorité pontificale, ils tentent de montrer que les prêtres ne devraient s'occuper que de cela qui est leur affaire, c'est-à-dire le salut des âmes. C'est dans leur lignée que se situe Marcile de Padoue, un clerc d'une très grande importance, originaire d'Italie et vivant à Paris, quand il publie, en 1324, un livre intitulé *Le Défenseur de la paix*. Il y précise que, si l'on veut que la paix civile règne, il convient que les représentants de la religion comprennent que leur tâche est avant tout spirituelle. Ils ne doivent en rien se mêler des affaires temporelles. Ainsi, Marcile de Padoue indique la véritable souveraineté du côté du pouvoir temporel, condition de la paix civile. Pour affermir cette démonstration, il ajoute que les pouvoirs spirituels ne peuvent que se réjouir d'une telle perspective puisque c'est bien dans cette paix civile que seront assurées les meilleures conditions du salut des âmes. Déjà le concept de *potestas* commence à prendre son acception moderne. C'est à Jean Bodin qu'il reviendra d'en donner peut-être la première formulation claire. Voici ce qu'il écrit dans la première phrase de son ouvrage, *La République* : « République est un droit gouvernement de plusieurs ménages et de ce qui leur est commun avec puissance souveraine. » Cette fois, le mot est lâché. Bodin déclare que, sur cette Terre, il y a une puissance souveraine. La coupure est instituée : d'une part, le monde spirituel, où Dieu et son représentant sur la Terre règnent ; d'autre part, un monde temporel, avec un souverain. Un souverain, cela veut dire quelqu'un qui n'a personne au-dessus de lui. J'ai dit : « quelqu'un », j'aurais tout aussi bien pu dire : « quelque chose », quelque institution. Le souverain est un individu : c'est la monarchie. Il est plusieurs individus : voilà une oligarchie. C'est un grand nombre ou tous les individus : nous sommes en démocratie. Dans tous ces cas, un principe, ici-bas, commande absolument. Rappelons-nous la révolution fondamentale de Galilée : réunir le monde céleste et le monde terrestre, montrer que la distinction d'Aristote entre le supra-lunaire et le sub-lunaire n'est pas pertinente, puisque les mêmes lois y règnent. On pourrait dire à l'inverse que Bodin, en 1576, montre qu'il y a deux mondes : celui de l'âme et du salut, où Dieu est souverain, et celui de la cité des hommes, pour parler comme saint Augustin, de souveraineté temporelle. Le pas accompli est décisif et il va avoir de très grandes conséquences. Puissance souveraine, la notion d'État dans son acception moderne est désormais définie. Cependant, elle reste encore abstraite. Il faudra des bouleversements historiques pour que ces idées soient approfondies, défendues, argumentées, pour qu'elles soient prises en charge par des hommes qui en feront des réalités pratiques. Or ces bouleversements se produisent. J'ai déjà évoqué la Réforme et les guerres dites « de religion » qui s'ensuivent, guerres d'une très grande cruauté, apportant beaucoup de malheurs.

D'autres événements encore vont mener à l'orée du XVIIe siècle. L'un d'eux, particulièrement important, se produit en Angleterre. Des actions contingentes interviennent dans la structure de la société et la bouleversent. Rétrospectivement, on dira des hommes qui en furent responsables que c'étaient des bourgeois, des capitalistes. C'étaient simplement des gens entreprenants qui ont su profiter de circonstances favorables et qui ont transformé ce que nous appelons, dans notre vocabulaire moderne, la « production ». Les rapports de production sont bouleversés par leur action. Des manufactures vont surgir. Des paysans, chassés de leurs terres par les transformations de la propriété, vont y travailler et constituer le noyau de ce qui deviendra le prolétariat. De multiples hypothèses s'affrontent pour tenter d'expliquer ce phénomène. Sans choisir entre elles, je pense que des facteurs matériels aussi bien que spirituels ont joué un rôle dans cet événement. Toujours est-il qu'un nouvel ordre du marché s'institue et que ce que l'historien anglais Macpherson appelle l'« individualisme possessif » commence à régner.

Cette transformation économique ne manque pas d'avoir des effets politiques. La monarchie anglaise, avec son administration archaïque, ses coutumes trop anciennes, ne peut pas répondre à cette nouvelle société. Des remous très violents se produisent, jusqu'au moment où le peuple de Londres, s'instituant juge, accomplit un acte extraordinaire : un roi de droit divin, qui a été sacré dans la grande cathédrale, a la tête coupée. Ce n'est pas un régicide pur et simple, ce n'est pas un coup de poignard au détour d'une porte ou un peu de poison dans un verre comme cela se produisait en Italie, c'est un jugement qui est suivi d'un effet, qui provoque un bouleversement complet, d'abord en Angleterre puis dans toute l'Europe. 1649 marque un tournant. La situation en Angleterre s'aggrave très rapidement. Cromwell prend le pouvoir – mais nous ne sommes pas là pour faire de l'histoire. Essayons de comprendre les réactions idéelles à cette situation. La disparition de Charles Ier, son exécution plutôt, pose directement la question du pouvoir légitime.

> Bien. Reprenons un peu le fil. Machiavel a montré qu'il fallait une unité politique pour que la société existe et qu'elle se maintienne comme telle. Bodin y a ajouté que ce qui peut assurer l'unité d'une société est nécessairement puissance souveraine, souveraine et reconnue par consen-

sus. Une nouvelle question se pose et se greffe sur ces deux principes généraux : celle de la souveraineté légitime. Et elle appelle l'élaboration d'une théorie politique.

On a vu en quoi Machiavel et Jean Bodin étaient des initiateurs. On va voir maintenant comment Thomas Hobbes et John Locke – deux penseurs anglais – vont fonder la théorie politique. Thomas Hobbes est médecin, c'est même le médecin de la cour d'Angleterre. C'est un penseur matérialiste, autant qu'on pouvait l'être à l'époque – je veux dire un matérialiste qui ne s'affirme pas athée mais qui, probablement, devait l'être. Il prend des leçons de politique dans la lecture des Grecs. C'est – notation importante – le premier traducteur en langue anglaise de l'œuvre de l'historien grec Thucydide, qui passe pour être l'inventeur de l'histoire rationaliste. Hobbes est aussi philosophe dans la lignée classique des aristotéliciens. Il étudie l'être tel qu'il se présente selon ses divers niveaux. Mais voilà qu'il est séduit et convaincu par la nouvelle physique de Copernic et de Galilée. Dès lors, il s'efforce de construire une théorie de l'être qui corresponde à la nouvelle mécanique. Il s'y emploie avec un certain brio et, à l'époque où Descartes élabore son système, Hobbes en élabore un autre, beaucoup plus matérialiste. D'ailleurs, la correspondance entre les deux penseurs montre que, manifestement, il ne se comprennent pas.

Après avoir élaboré une théorie du mouvement, Hobbes construit une théorie de l'homme, profondément originale. L'homme est pour lui corps, matérialité caractérisée par la puissance, et, lorsqu'il écrit en latin, c'est précisément le mot *potestas* qu'il emploie. L'homme est un être qui peut. Nous dirions maintenant – ce n'est pas déformer la pensée de Hobbes –

que l'homme est désir et que rien ne lui est interdit de ce qu'il désire. Il n'a d'autre limite à sa liberté, nous dit Hobbes, que la capacité qu'il a de désirer. Lorsque, face au problème politique qui se pose, Hobbes s'interroge sur la question de la souveraineté légitime, il part tout naturellement de l'homme qui constitue la société. En penseur qui reste hanté par le schéma aristotélicien – il a refusé tout le contenu de l'aristotélisme tout en gardant le schéma d'Aristote qui consiste à déduire la socialité de l'être de l'homme –, il part de cette idée que l'homme est désir, que l'homme est puissance. Hobbes, de ce présupposé que l'homme peut tout, décrit l'homme à l'état de nature avant qu'il entre en société ou – si l'on veut éviter cette fiction historique d'un homme qui existerait en dehors de la société – l'homme privé de tous les attributs qui lui sont conférés par la société. A l'état de nature, l'homme est totalement libre de faire tout ce qu'il est capable de faire. Or, Hobbes ne peut manquer de noter ici que l'état de nature est un état contradic-

Thomas Hobbes, *Léviathan*, Sirey, 1971, p. 124-125 (trad. F. Tricaud).

Aussi longtemps que les hommes vivent sans un pouvoir commun qui les tienne tous en respect, ils sont dans cette condition qui se nomme guerre, et cette guerre est guerre de chacun contre chacun. [...] Dans un tel état, il n'y a pas de place pour une activité industrieuse, parce que le fruit n'en est pas assuré : et conséquemment il ne s'y trouve ni agriculture, ni navigation, ni usage des richesses qui peuvent être importées par la mer ; pas de constructions commodes ; pas d'appareils capables de mouvoir et d'enlever les choses qui pour ce faire exigent beaucoup de force ; pas de connaissance de la face de la terre ; pas de computation du temps ; pas d'arts ; pas de lettres ; pas de société ; et ce qui est le pire de tout, la crainte et le risque continuels d'une mort violente ; la vie de l'homme est alors solitaire, besogneuse, pénible, quasi animale, et brève.

toire, car, si l'homme désire et veut réaliser ses désirs, il veut aussi vivre, jouir et être heureux. Mais il y a contradiction entre ces deux données. En s'efforçant de réaliser son désir, l'homme entre en lutte avec l'autre homme, qui désire la même chose que lui. Dès lors, la vie dans l'état de nature est en constante insécurité.

> A l'état de nature, c'est la guerre de tous contre tous, l'homme est un loup pour l'homme. Cette situation ne saurait être vécue durablement.

En effet. L'homme, quelque envie qu'il ait de réaliser son désir, ne peut pas vivre dans la crainte de la mort, dans la peur, dans le combat incessant. De cette contradiction de l'état de nature va surgir l'état de société.

> Comment l'homme va-t-il se sortir de cette situation ? A situation désespérante, mesures radicales.

En prenant conscience du fait que chaque homme doit se dessaisir de sa puissance au profit d'une puissance souveraine, d'un être artificiel qu'il aura créé, un dieu mortel, un dieu sur cette Terre. Hobbes va nommer cet être le Léviathan – métaphore biblique. L'homme va donc se dessaisir complètement de ce qui est son attribut principal pour s'en remettre à la décision de cette puissance souveraine qu'il a créée. Dans le contrat ainsi conçu, les parties contractantes, c'est-à-dire les membres de la collectivité, renoncent à leur désir pour laisser le souverain statuer sur ce désir. On a souvent accusé Hobbes d'être un théoricien de l'absolutisme étatique. Ce n'est pas faux, mais il convient ici de faire deux réserves. D'abord, Hobbes est évasif concernant la nature du souverain. Pour reprendre ce que je disais tout à l'heure, le souverain peut être non pas un homme de chair et d'os, mais une institution, ou l'ensemble des citoyens. Dans *Du contrat social*, Rousseau déclarera que tous les hommes se dessaisissent de leur liberté, mais remettent cette liberté à eux-mêmes, en tant qu'ils se constituent comme corps social. On peut envisager que Hobbes concevait les choses de cette manière. Qu'importe, d'ailleurs ? Il ne s'agit pas de savoir quelle était la pensée politique personnelle de Hobbes ; elle n'a pas beaucoup d'intérêt pour nous, sinon anecdotique. L'important est de comprendre l'effectuation de ce qui avait été perçu abstraitement par Marcile de Padoue, puis pensé d'une manière plus précise par Jean Bodin, à savoir que, s'il y a de l'État, il ne peut être que souverain. Souverain vers l'extérieur, contre les ennemis, mais aussi par rapport à ceux qui sont ses citoyens.

Bien. Et la seconde réserve ?

A considérer les États modernes, elle n'est pas mince. Elle concerne une chose que le souverain ne peut pas exiger de ses administrés, une espèce de droit naturel qui subsiste, même chez Hobbes. Il nous indique en effet que le souverain ne peut pas exiger du citoyen qu'il se veuille du mal à lui-même.

En effet, trop d'exemples montrent nos États modernes exigeant de ceux qui en dépendent qu'ils se fassent du mal à eux-mêmes. Qu'ils se déclarent coupables, par exemple, comme dans les procès de Moscou.

C'est une chose que Hobbes n'aurait jamais admise, car cela va contre le désir, contre l'ordre naturel. Hobbes représente une première étape, d'une grande importance pour comprendre l'avenir de la souveraineté. Le second fondateur intervient une quarantaine d'années après. Il est plus souriant que le très sévère Thomas Hobbes. C'est John Locke. Philosophe très impressionné par les découvertes cartésiennes, il n'accepte pourtant pas qu'il y ait des idées innées. C'est ce qu'on appelle un philosophe « empiriste ». Il pense, contrairement à Descartes, que nos connaissances viennent de l'expérience. Mais ce n'est pas le plus important de sa pensée, que l'on trouve dans un ouvrage qu'il publie en 1690 après la seconde révolution anglaise, celle qui va mettre Guillaume d'Orange au pouvoir puis, en 1714, la dynastie de Hanovre. John Locke raisonne comme Thomas Hobbes, comme a raisonné Spinoza. Il s'interroge aussi sur l'homme à l'état de nature. Pour lui, contrairement à ce que pense Thomas Hobbes, l'état de nature est celui des droits naturels. L'homme, dès le moment où il existe, possède des droits. Le droit de subsister, d'exprimer son opinion ; au fond, le droit de parler comme il lui plaît à ses semblables pour tenter de les convaincre. Ce sont, selon lui, des droits imprescriptibles. En ce sens, il nous dit que les hommes naissent naturellement libres et égaux. Certes, il y a des différences naturelles, mais ils sont égaux en tant qu'ils ont tous le même droit de survivre et d'essayer de faire triompher leurs opinions concernant les actions collectives à décider.

Mais d'où va venir l'État ?

Du fait que le droit de survivre implique un autre droit : celui de travailler un lopin de terre, de disposer à son gré du gibier que l'on aura abattu, de construire sa maison pour se protéger de la rigueur du temps et de la défendre. Ce qui est fort plaisant dans la pensée de Locke, c'est ce côté naïf, simple, de sa démonstration.

John Locke, *Deuxième Traité du gouvernement civil*, Vrin, p. 93 (trad. B. Gilson).

Quand Dieu a donné le monde en commun à toute l'humanité, il a enjoint à l'homme de travailler ; d'ailleurs, l'homme s'y voyait contraint par la pénurie de sa condition. Dieu et la raison lui commandaient de venir à bout de la terre, c'est-à-dire de l'améliorer dans l'intérêt de la vie, et, ce faisant, d'y investir quelque chose qui était à lui : son travail. Quiconque, pour obéir à ce commandement divin, se rendait maître d'une parcelle de terre, la cultivait et l'ensemençait, lui adjoignait quelque chose qui était sa propriété, que nul ne pouvait revendiquer, ni lui prendre, sans injustice.

L'homme, qui a le droit de propriété, a aussi le droit de protéger cette propriété. On constate bien souvent, ajoute-t-il, que ceux qui veulent s'emparer de la propriété des autres – les voleurs – sont plus forts et plus rusés que les propriétaires. Alors, il faut bien que les propriétaires s'unissent pour défendre la terre qu'ils auront travaillée, pour défendre leurs acquis. C'est donc un contrat tout à fait différent qui est à l'origine de l'État. Dans celui de Hobbes, les parties contractantes se dessaisissaient complètement de leur liberté. Ici, le contrat est passé entre les parties contractantes – les citoyens – et le souverain. Le souverain n'est rien d'autre qu'une instance supérieure qui a pour mission de défendre la propriété, de châtier les voleurs et de s'occuper des affaires communes à tous les propriétaires.

L'État, dans ce cas, n'est rien d'autre qu'une association de propriétaires.

Oui. Mais c'est une nouveauté considérable pour l'époque. Dans la perspective de John Locke, la propriété ne va pas sans le travail. Seul celui qui travaille sa terre a le droit d'être propriétaire. Il est remarquable que les phrases les plus importantes du deuxième *Traité du gouvernement civil* soient présentes dans les deux Déclarations des droits de l'homme – celle de 1787, l'américaine, et celle de 1789, la française. Et l'on en retrouve aussi des aspects dans les diverses Constitutions qui vont être élaborées dans la phase ascendante de la Révolution française. John Locke est le père de l'État libéral tel qu'il a été défini à la fin du XVIIIe siècle. Ses idées vont pénétrer lentement en France, puis en Europe occidentale, et devenir la source des organisations pratiques de l'État-nation dans son statut moderne. Voilà donc comment s'est constituée, sous les auspices de la pensée, de la rationalité philosophique, la conception du pouvoir légitime. Il faut insister sur le fait que ces idées vont avoir des effets. De même que la fameuse déclaration cartésienne dans le premier tiers du XVIIe siècle : « Rendre l'homme maître et possesseur de la nature », est devenue aujourd'hui, d'une certaine manière, réalité, de même ces idées nées au fond du Moyen Age, progressivement affinées, affirmées au fil des débats, des luttes politiques, ont conquis les hommes. Tous les hommes ou seulement certains ? On essaiera de répondre à cette question en réfléchissant sur les œuvres de Kant, Hegel, Marx.

A vous écouter, on a l'impression que Machiavel, Bodin, Hobbes, Locke s'inscrivent sur une même ligne, comme si l'un succédait logiquement à l'autre. C'est sans doute vrai – je n'ai pas de raison de mettre votre parole en doute –, mais est-ce que ces hommes, que quelques décennies séparaient, se connaissaient ? Étaient-ils conscients de cette filiation ?

Je n'en suis pas sûr du tout. Vous posez là un problème très important de l'histoire des idées. Je ne crois pas que l'on puisse parler de filiation directe. Ce dont je suis sûr, c'est que Marcile de Padoue, par exemple, qui publie *Le Défenseur de la paix* en 1324, n'était probablement connu ni de Machiavel ni de Bodin. Je ne saurais dire si Hobbes et Locke l'ont lu. Dès lors, effectivement, de quel droit introduire cette logique qui paraît rigoureuse ? On peut donner une réponse, qui serait de type hégélien : l'esprit qui est derrière tout cela agit comme une manière de Providence. Mais c'est une réponse que je n'accepterai pas parce qu'elle se réfère malgré tout à une espèce de mystère. Cet esprit profond qui pénétrerait les hommes, les ferait parler comme ceci ou comme cela, me paraît bien métaphysique. Alors, comment répondre ? Lorsqu'un penseur exprime des idées, sans doute il les invente, il les formalise, mais aussi il faut comprendre qu'elles sont dans l'air du temps, qu'elles sont suscitées par la situation. Finalement, toute idée est une réponse, une réponse à une sollicitation, à une demande. Naturellement, cette demande n'est pas univoque. La preuve : les réponses multiples. Autrement dit, la situation est à facettes, le grand penseur saisit le plus important. Mais le contexte idéel est bien là. Ce qui se transmet, c'est peut-être moins l'œuvre elle-même que ce contexte idéel. C'est seulement ainsi que l'on peut parler de filiation.

Dans le rapport Galilée-Descartes, la filiation est évidente, certaine. Nous avons les repères historiques. Ici, nous n'avons pas de points de repère. Nous constatons, malgré tout, une certaine continuité. Je crois que nous pouvons, légitimement et sans faire d'entorse à la vraisemblance, supposer une filiation de type contextuel. Naturellement, mon discours ici a surtout pour but d'introduire l'intelligibilité et d'être convaincant pour donner envie de lire. Ceux qui, après mes propos, liront les textes auxquels je fais allusion se rendront compte de l'infinie complexité des choses, mais ce sera à eux d'introduire leur logique.

> Certains concepts utilisés paraissent maintenant à la fois abstraits et arbitraires. Vous avez parlé de l'homme en état de nature. L'état de nature, qu'est-ce que c'est ?

Ah ! je vous remercie de poser cette question, comme on dit ! Aujourd'hui, cette idée d'état de nature est complètement abandonnée. Déjà Marx, au milieu du XIXe siècle, se moquait de ces « robinsonnades » à propos du système de Locke et de Hobbes. Hegel lui-même était extrêmement sévère pour ces penseurs qui supposaient que, avant le contrat qui institue la société, il pouvait y avoir des hommes seuls, originaires en quelque sorte. Bien sûr, il n'y a jamais eu, historiquement, d'homme à l'état de nature. Dès que l'homme apparaît, il y a société, et, dès qu'il y a société, il y a interdits, recommandations, règles, organisation sociale, il y a un certain statut « politique ». Alors, comprenons que ces penseurs raisonnent dans l'optique de la révolution copernico-galiléenne. Nature est lieu d'intelligibilité. L'homme à l'état de nature signifie alors ce que l'on s'efforce de découvrir dans ce qui le constitue au plus profond, ce qui ne dépend pas des éléments historiques apportés par tel ou tel type de civilisation. Cette idée est exprimée très exactement par Jean-Jacques Rousseau, qui, lui aussi, se fonde sur l'idée d'état de nature et de contrat social.

Comme le remarque Claude Lévi-Strauss, pour Rousseau, l'état de nature n'est pas une donnée historique, c'est une limite. La donnée historique, pour Rousseau, c'est l'état de sauvagerie qui existe historiquement.

L'état de nature, c'est ce qui subsiste en l'homme quand on retire non seulement ce qui lui est apporté par la société, mais aussi ce qui lui est apporté par tel ou tel type de société, c'est-à-dire par la contingence de l'histoire. L'état de nature n'est qu'un concept. Il n'est pas sûr du tout que ces penseurs concevaient les choses de cette manière. Il y a des preuves que John Locke, par exemple, a cru que l'état de nature était un état historique, puisque, dans la démonstration du deuxième *Traité du gouvernement civil*, il exhibe des exemples concernant les sauvages d'Amérique, en supposant qu'ils sont à l'état de nature – ce qui, évidemment, est une absurdité.

> Autre concept : l'homme libre. L'homme libre, mû par le désir, a la potentialité de satisfaire ce désir mais, par peur – si je désire le même objet que mon voisin il y aura guerre, et guerre incessante –, il va se dessaisir de cette liberté au bénéfice d'un souverain. Comment peut-on passer de cette conception d'abord abstraite de l'homme libre à cette obligation de délégation de pouvoirs ?

Il faut faire l'effort de penser quelque chose de difficilement pensable. Pour Wilhelm Reich, ce disciple hétérodoxe de Freud, le surprenant n'est pas que les hommes obéissent, mais qu'ils ne désobéissent pas plus. La Boétie, l'ami de Montaigne, abordait déjà le sujet dans son traité *De la servitude volontaire*. Lorsque ces théoriciens parlent de liberté et de dessaisissement, ils construisent une hypothèse de travail pour comprendre ce mystère : pourquoi y a-t-il des gouvernants et des gouvernés ? Avant de se demander s'il est convenable de penser l'homme libre, de penser les hommes égaux, il faut considérer ces hypothèses destinées à concevoir ce qu'on appelle « société civile » : ce lieu où, de fait, des hommes commandent à d'autres qui obéissent. Comment cela est-il pensable ? Quand on y réfléchit, avouez...

Cela devient tout à fait concret quand il s'agit de légitimer un pouvoir précis. Comment mesurer la légitimité ? Est-ce qu'il suffit que les hommes délèguent *leurs* pouvoirs pour que *le* pouvoir soit légitimé ?

Non, justement ! La notion de délégation de pouvoir telle qu'elle est employée par ces penseurs est encore à la fois abstraite et confuse. Lorsque cette idée passera dans les faits, la technique de la représentation sera née. L'effectuation constitutionnelle et pratique de l'idée de délégation donnera les représentants du peuple.

« Pouvoir légitime », cela veut dire quoi ?

Cela veut dire : pouvoir tel qu'il est illégitime de se rebeller contre lui. On va peut-être mieux le comprendre avec un exemple tiré de John Locke. John Locke est l'auteur d'une notion qui va avoir un destin historique important, celle d'insurrection sacrée. Il déclare que, puisque le contrat a été passé entre les parties contractantes et le souverain – le souverain étant impliqué dans ce contrat –, s'il se trouve que le souverain porte dommage aux droits naturels (par exemple, au droit de propriété ou au droit d'exprimer son opinion), alors les citoyens ont non seulement le droit, mais aussi le devoir d'insurrection sacrée. Donc la légitimité est là pour déterminer les droits des citoyens face au passe-droit de l'État. Voilà une idée importante et précieuse pour nous, dans la mesure où notre monde moderne connaît des États totalitaires.

> C'est qu'il est extrêmement difficile de définir les critères qui définissent la légitimité ?

Bien sûr. En fait, ils n'ont pas été donnés. Nous sommes encore à la recherche des critères de la légitimité. Ce n'est pas seulement dans la pratique que nous ne les découvrons pas. Même en théorie, la question se pose.

> John Locke a beaucoup apporté à la pensée moderne : la notion de droits de l'homme au travers desquels se nomment le droit de subsister, d'exprimer son opinion, mais aussi celui d'avoir ce qu'il faut pour subsister - travail, abri, etc.

Oui, mais John Locke est un nid de contradictions, les contradictions mêmes de l'État libéral. Je crois que vous avez tout à fait raison de souligner la fraîcheur qui apparaît dans cette défense des droits de l'homme. On a assisté, à partir de la fin du XVIIIe siècle et surtout au XIXe siècle, à une curieuse perversion de cette idée. Les droits de l'homme ont été limités aux droits politiques - droit d'association, droit de se présenter devant les tribunaux, droit de voter - et on a oublié ce qui a été à leur fondement, souligné par Hobbes et Locke, mais qui était déjà indiqué par ces hommes du Moyen Age dont j'ai parlé, à savoir les droits de la personne : exister, survivre, droits fondamentaux peut-être plus importants que les droits politiques. C'est pourquoi, aujourd'hui, quand on discute des droits de l'homme, capitaux pour notre époque et dont la défense apparaît, très légitimement, comme l'objectif numéro un, il ne faudrait pas oublier qu'il ne s'agit pas seulement des droits politiques, mais aussi du droit à être soi-même. Dans ce sens, je continue à trouver que Hobbes, tout absolutiste qu'il ait été, est allé beaucoup plus loin que bien de ses contemporains lorsqu'il précisait que l'État ne peut jamais demander à quelqu'un de n'être pas soi-même.

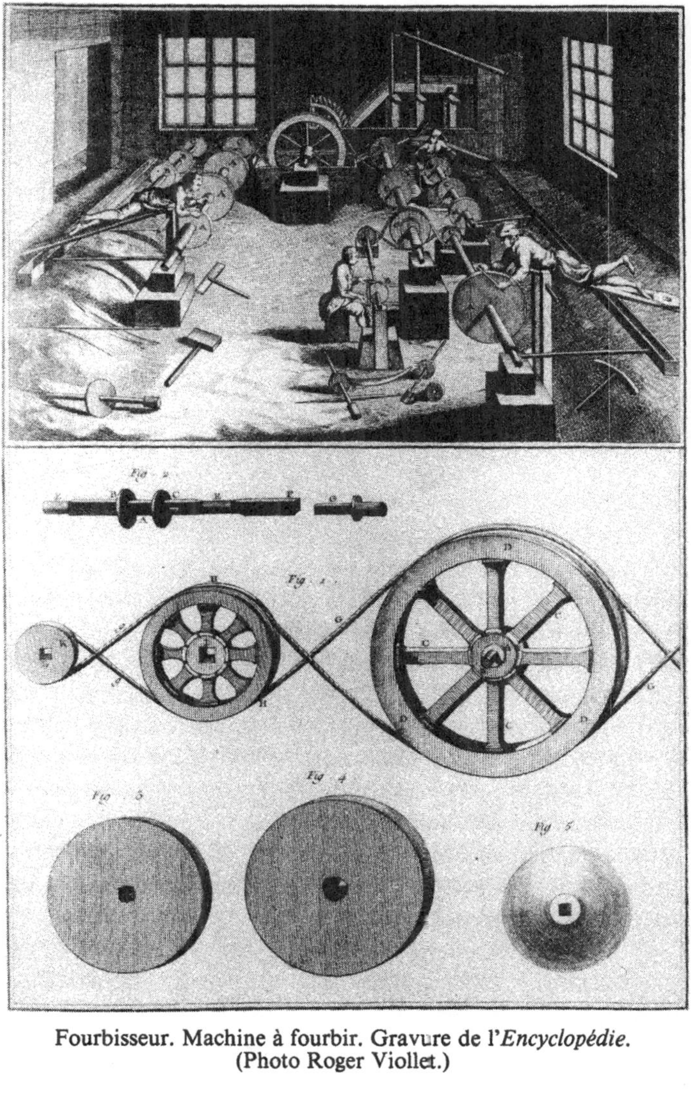

Fourbisseur. Machine à fourbir. Gravure de l'*Encyclopédie*.
(Photo Roger Viollet.)

5. Kant, penseur de la modernité

Aujourd'hui, c'est non pas une époque mais un homme qui sera l'objet de notre conversation : Emmanuel Kant. Il est vrai qu'il s'agit d'un immense philosophe dont la pensée achève dans une apothéose l'âge des Lumières. Il s'interroge à la fois sur le statut de la connaissance, à partir de l'édifice newtonien, et sur les chances de la liberté, à partir des luttes menées par les encyclopédistes contre toutes les tyrannies. Le résultat acquis est exemplaire : contrairement à ce que pensait la métaphysique, il n'y a pas de connaissance absolue, mais des connaissances vérifiables. En ce qui concerne la liberté, même si sa réalisation entière est improbable, elle demeure une tâche infinie. Resituons-nous, avant d'aborder ce philosophe réputé difficile.

Nous avons analysé le renouvellement de la philosophie face à la révolution scientifique opérée par Copernic et Galilée et face aux problèmes posés par les transformations à la fois sociales, politiques et économiques qui se sont produites à partir de cette période qu'on appelle la « Renaissance ». Eh bien, Emmanuel Kant réunit ces deux aspects. Ses œuvres principales, on les connaît : la *Critique de la raison pure* (1781), la *Critique de la raison pratique* (1787) et la *Critique de la faculté de juger* (1790). Nous insisterons sur les deux premières *Critiques.* La *Critique de la raison pure* est essentiellement consacrée au problème de la connaissance ; c'est un ouvrage un peu parallèle à l'œuvre cartésienne. De même que Descartes réfléchissait sur la découverte de Galilée et s'efforçait de lui donner un statut réflexif, philosophique, de même Kant aura comme centre de sa réflexion les grandes découvertes de Newton à la fin du XVIIe siècle, les prolongements de ces découvertes et aussi peut-être – c'est un point controversé mais intéressant – les découvertes de Lavoisier dans le domaine de la chimie. Dans la *Critique de la raison pratique*, il se préoccupe du problème moral, de la conduite. Dans les œuvres qui suivront, de philosophie morale, de droit et d'histoire, il va réfléchir au statut des sociétés et au destin de l'humanité. Il s'inquiète des conduites individuelles et des conduites collectives dans la réalité politique. En somme, chez Kant, il y a réunion de ces deux rameaux que nous avions précédemment examinés séparément.

Cela peut justifier notre titre : « Kant, penseur de la modernité ». Avant d'aborder l'œuvre, pour en faciliter l'accès, dessinez-nous le cadre qui nous permettra de mieux saisir tout ce que cette pensée a de novateur.

Kant se situe à la fin d'une époque. En 1781, quand il écrit la *Critique de la raison pure*, il est déjà âgé (cinquante-sept ans) et il s'inscrit dans ce vaste mouvement d'idées qu'on appelle en Allemagne *Aufklärung*, ce que l'on peut traduire par « illumination ». En France, c'est l'« âge des Lumières ». C'est un *Aufklärer*, un penseur des Lumières, mais un *Aufklärer* qui va déjà de l'avant. Pour bien comprendre Kant, il faut revenir sur ce que signifie « âge des Lumières ». Pour ne considérer que l'aspect intellectuel, en laissant de côté les aspects de politique pratique, l'âge des Lumières est ainsi nommé parce qu'un certain nombre de penseurs militants, tels Voltaire, Rousseau, Diderot – je ne cite ici que des Français... d'Alembert ! n'oublions pas le principal, la cheville ouvrière de cet ensemble –, décident d'user uniquement de la lumière naturelle pour éclairer la vie de l'homme, pour faciliter son épanouissement et sa réussite.

> Lumière naturelle, il faut savoir ce que cela veut dire : cela s'oppose à lumière surnaturelle, donc aux explications métaphysiques.

Le XVIIIe siècle est le siècle des philosophes s'opposant non seulement aux théologiens, mais aussi aux métaphysiciens, à ceux qui continuent, comme les successeurs de Descartes, à emprunter leurs concepts à la pensée théologique. Les philosophes des Lumières sont des gens qui n'ont confiance qu'en l'expérience, qui s'intéressent à la science théorique, aux techniques, à la vie quotidienne, aux transformations des mœurs. Ils sont, dirions-nous maintenant, beaucoup plus près de la réalité. Ils se fondent sur la lumière naturelle ou sur la réflexion, née de l'expérience pour éclairer le destin de l'humanité. Leur objectif principal est la liberté, sans doute vaudrait-il mieux dire la « libération » de l'homme. Il convient de le libérer de la nature, de mettre effectivement en pratique le fameux précepte exposé par Descartes un siècle auparavant : « Rendre l'homme maître et possesseur de la nature. » Il ne s'agit plus d'une formule générale, mais d'un programme précis. Et, ici, je ne peux m'empêcher d'évoquer ce mouvement très intéressant : la floraison, dans les plus petites villes de France, d'Angleterre, du nord de l'Italie, d'Allemagne, de petites sociétés savantes réunissant l'apothicaire, le médecin, l'avocat, les gens de métier, les ingénieurs, pour discuter sur les phénomènes exceptionnels de la nature, sur tel aspect de l'artisanat, etc.

C'est de ce mouvement que va naître l'entreprise qu'on appelle l'*Encyclopédie*.

L'*Encyclopédie* de d'Alembert, chevalier de Jocourt, est une œuvre extraordinaire, combinant une étude du savoir livresque du temps avec une réflexion sur la technique et sur la vie de tous les jours. On est toujours frappé en regardant, par exemple, les planches de l'*Encyclopédie*, les illustrations, publiées à part dans les derniers volumes, du soin mis par les encyclopédistes à décrire le travail du cordonnier, de l'ébéniste, etc. Les outils utilisés, les bois dont on se sert... sont minutieusement décrits. Et, à côté de cela, vous trouvez des articles de critique des notions théologiques ou le résumé de la philosophie de Spinoza. Tous ces aspects sont liés les uns aux autres. Il s'agit bien de libérer l'homme de la nature, des passions, et, en même temps, de le libérer des ténèbres.

Les ténèbres, qu'est-ce que c'est ?

Selon la formule de Voltaire, c'est la superstition. Voltaire n'était pas antireligieux, probablement pas athée, mais il était ennemi de la superstition, de cette forme de retombée de la religion dans le fanatisme et l'obscurantisme. Même des personnalités religieuses parlent de lumières naturelles. C'est l'époque où naît contre la théologie sacrée, celle qui se fonde uniquement sur la Bible, une théologie qui s'efforce de raisonner sur Dieu avec les seules forces de l'expérience.

Enfin, l'aspect politique est l'axe le plus important : il s'agit de libérer l'homme de la tyrannie. Tyrannie des coutumes, tyrannie des institutions archaïques qui ne conviennent plus à la nouvelle civilisation matérielle qui se met en place, tyrannie des pouvoirs. Dans cette entreprise, les philosophes des Lumières vont avoir des alliés parmi les souverains eux-mêmes. Les « despotes éclairés » accueilleront ce mouvement de libération.

Kant appartient, très généralement, à ce mouvement. Il n'a pas le programme cartésien de maîtrise de la nature, il est plus modeste et, d'une certaine manière, plus ambitieux en ce qui concerne l'homme. Il espère une transformation complète de la nature humaine. Il croit l'homme perfectible. Bien sûr, l'idée qui domine toute cette époque, c'est l'idée du progrès. Kant se situe dans la perspective du progrès avec une modération, une profondeur qui le rendent de ce point de vue encore exemplaire pour nous. Il est important d'insister sur un autre aspect de ce XVIIIe siècle avant d'aborder l'œuvre de Kant : l'aspect proprement philosophique. Il se présente à la fois comme une administration et comme une mise en cause de l'héritage cartésien. Au fond, Descartes lègue à la postérité deux messages qui ne vont pas nécessairement ensemble. D'une part, il se fait l'apologiste de la science. Il se tourne vers la nature, il considère la philosophie naturelle, comme on disait à l'époque, importante. Il indique donc la direction de la science, de la transformation de la nature par les techniques humaines. Mais, d'autre part, il reste un philosophe profondément classique. Il utilise des concepts empruntés à la théologie. Son vocabulaire philosophique est un vocabulaire que les théologiens de l'époque comprennent fort bien. C'est pourquoi il entre si facilement en discussion avec eux.

Pour résumer, on pourrait dire que Descartes est novateur quand il propose une tâche originale à l'homme : maîtriser la nature, mais qu'il continue à penser, en tout cas à s'exprimer, avec les concepts de la théologie et de la métaphysique classiques de son temps. Il reste partisan des idées innées.

Oui. Il pense que Dieu a inscrit en l'homme, en chaque homme, des *semina veritatis*, des semences de vérité – c'est l'expression qu'on emploie pour désigner les idées innées –, que l'expérience a seulement pour fonction de réveiller. C'est une idée très classique, assez proche de la position platonicienne.

Le cartésianisme suscite alors deux mouvements. Ceux qui prennent très au sérieux les formulations du *Discours de la méthode* : « Ne rien admettre pour vrai que je ne le connusse évidemment être tel », refusent tout arbitraire et veulent passer tout énoncé au crible de la raison. Ils vont devenir les philosophes empiristes qui soumettront Descartes à ses propres critères et critiqueront le cartésianisme sur les bases de la méthode cartésienne elle-même. Par ailleurs, on va voir apparaître une espèce de cartésianisme d'école, productrice de penseurs d'une très grande ampleur (Spinoza ou Leibniz). Ceux-ci vont faire des découvertes, mais ils ne s'inscrivent pas dans ce courant novateur. Pour Leibniz, qui innove à la fois dans les domaines biologique, mathématique et technique, les choses sont plus complexes. Mais c'est un autre sujet. Notons simplement que le cartésianisme est à l'origine d'un courant qui le critique et qui va provoquer l'apparition, au milieu de ce XVIIIe siècle, d'un penseur de grande valeur qu'à mon avis on ne considère pas assez en France, l'Écossais David Hume.

Quelle est la grande découverte ou la grande intuition de David Hume ?

Il reprend l'idée de John Locke que toute connaissance vient de l'expérience et il constate que la cause ne peut pas être dite raison. C'est donc cela qu'il convient d'expliquer.

Hume, *Enquête sur l'entendement humain*, Aubier, p. 109 (trad. A. Leroy).

Quand nous regardons hors de nous vers les autres objets extérieurs et que nous considérons l'opération des causes, nous ne sommes jamais capables, dans un seul cas, de découvrir un pouvoir ou une connexion nécessaire, une qualité qui lie l'effet à la cause, et fait de l'un la conséquence infaillible de l'autre. Nous trouvons seulement que l'un suit l'autre effectivement, en fait. L'impulsion de la première bille de billard s'accompagne du mouvement de la seconde. Voilà tout ce qui apparaît aux sens *externes*. L'esprit ne sent aucun sentiment, aucune impression *interne* de cette succession d'objets ; par suite, rien qui puisse suggérer l'idée de pouvoir ou de connexion nécessaire.

Dans l'optique cartésienne, le fondement de la réalité naturelle, c'est la création divine. Dieu, tenu par sa perfection, doit créer le monde selon des lois et non pas au hasard. Ces lois sont non seulement les lois les plus simples – à cause de la perfection –, mais encore elles sont rationnelles. Alors, lorsqu'un savant repère une cause, dans l'énoncé que l'on donne du rapport entre la cause et l'effet, la cause doit figurer comme le principe explicatif de l'effet. Il doit y avoir une relation d'intelligibilité entre la cause et l'effet. C'est pour cela que, dans la pensée cartésienne et la pensée scientifique qui lui succède, la cause est toujours vue, conçue en même temps comme raison explicative de l'effet. Or Hume, avec un esprit critique qui ne s'arrête devant rien, se demande pourquoi la cause serait dite raison. Il pose des questions du genre : en quoi, dans l'optique géométrique, est-il plus rationnel que l'angle de réflexion soit égal à l'angle d'incidence ? Il serait, dit-il, tout aussi rationnel que l'angle de réflexion soit la moitié de l'angle d'incidence. Poursuivant sur ce même terrain, il montre qu'en fin de compte nous appelons « causes » les antécédents constants que nous repérons au sein de notre expérience et que, par habitude, peu à peu, nous instituons ces causes comme des raisons, mais qu'elles ne sont pas raisons par elles-mêmes. Ici, je dois quand même me référer à Leibniz, dont j'avais peur de parler car c'est un penseur extrêmement complexe. Mais là, il s'impose. Descartes, à la suite des recherches de Galilée, avait énoncé le théorème de ce qu'on appelait à l'époque les « forces vives » et qu'on appelle aujourd'hui, je crois, l'« énergie cinétique ».

> La force vive, selon Descartes, est égale à un certain produit de la masse par la vitesse.

Oui. Réfléchissant toujours dans le cadre de la perfection divine, donc des lois les plus simples, Descartes avait, en effet, tout simplement énoncé : la force vive est égale à un certain produit de la masse par la vitesse. Leibniz, beaucoup plus près de la réalité sensible que Descartes, beaucoup plus expérimentateur, s'amuse à mesurer le rebond de petites boules élastiques et constate que cette loi énoncée par Descartes n'est pas bonne ; que, en fait, comme nous le savons aujourd'hui, l'énergie cinétique est égale à un certain produit de la masse par le carré de la vitesse ($E = 1/2\ mv^2$). Que s'introduise ici un carré n'est pas rationnel. Il serait plus simple que ce soit un produit de la masse par la vitesse, mais voilà...

Lorsqu'on analyse la réalité naturelle, non par des expériences communes, mais, de plus en plus précisément, par des expérimentations contrôlées, on s'aperçoit que la nature obéit à des lois tantôt simples, tantôt complexes. Il n'y a pas, dans ce domaine, de règles générales. C'est la nature telle que nous la découvrons à travers l'expérimentation qui doit ordonner, et non pas une pensée préalable, préconçue.

> Donc Hume tire de ses réflexions qu'il n'y a pas de nécessité supérieure qui fasse que le monde soit comme ceci plutôt que comme cela.

Le monde est comme il est, et il nous faut essayer de le rendre intelligible avec les moyens dont nous disposons, c'est-à-dire l'expérience. Il n'y a pas *un* ordre du monde qui corresponde à une raison supérieure homogène et unifiée. Il y a *des* ordres du monde que nous devons essayer de saisir, de comprendre. Il est remarquable d'ailleurs que Hume s'oriente de plus en plus vers une espèce de physique de la qualité sensible et que, rompant complètement avec le problème cartésien, il veuille faire de la science un simple moyen de mieux vivre quotidiennement. Souvent, je me prends à me demander si cette idée de la science n'aurait pas été plus intéressante que l'autre, celle que notre civilisation a suivie. Laissons cela. En tout cas, alors même que la science fait des progrès considérables – l'œuvre de Newton et toutes les découvertes du XVIIIe siècle en attestent –, alors même que ce progrès s'affermit, se précise, une critique très profonde de la rationalité classique se déclenche. Je crois que c'est de ce point de vue qu'il faut regarder si l'on veut comprendre la profondeur de la pensée de Kant.

Maintenant, peut-on en venir à la théorie kantienne de la connaissance, premier volet correspondant à la *Critique de la raison pure* ?

La grande originalité de Kant, c'est probablement d'avoir eu l'audace de poser une question qui affleurait constamment dans les discours philosophiques portant sur la vérité depuis Platon, mais que jamais, je crois, aucun penseur n'avait vraiment radicalisée. Kant, en somme, a l'audace exceptionnelle de poser la question : comment se fait-il qu'il y a du vrai ? Jusqu'ici, les philosophes, en particulier les grands métaphysiciens classiques – Descartes, Spinoza, Malebranche, Leibniz –, ont tenu pour évident qu'il y a du vrai. Pour eux, c'était une manière d'axiome préalable à toute espèce d'exercice philosophique et, dès lors, la seule question était celle de l'erreur. Comment se fait-il que l'homme se trompe, se demandait Descartes ? On peut comprendre cela si l'on songe à l'ambiance théologique dans laquelle ces penseurs se situaient. Pour les théologiens, en somme, il n'y a pas de problème : Dieu a créé d'un même mouvement l'homme et la nature. Il a créé l'homme, sa créature préférée, comme capable de connaître la nature. Et la question philosophique de l'erreur devient le parallèle de la question théologique du péché.

C'est vrai que s'il y a un problème de théologie, c'est bien celui-là : comment se fait-il que Dieu, tout-puissant et infiniment bon, ait créé Adam en sachant, de toute éternité, qu'il serait pécheur ?

Les théologiens ont d'admirables réponses. Le philosophe de la rationalité classique de type cartésien pense que l'homme a été créé avec la faculté de connaître, et le grand problème qui se pose à lui est de savoir comment il se fait qu'il ne connaît pas toujours comme il faut, comment il se fait qu'il se trompe. Or voici que Kant se pose une question plus radicale, je dirais plus philosophique (puisque la philosophie se donne pour fonction de radicaliser les questions, de les rendre toujours plus profondes et plus percutantes), celle de savoir comment il se fait qu'il y a du vrai. Pour répondre à cette question, il se décide à adopter une attitude critique. Que signifie « critique » dans *Critique de la raison pure*, ou dans *Critique de la raison pratique*, ou dans *Critique du jugement* ? La critique part du fait – qu'elle expliquera par ailleurs – qu'il y a du donné. Kant, par exemple, dans la deuxième préface de la *Critique de la raison pure*, part du principe que les hommes ont pensé, qu'ils ont élaboré des disciplines (la métaphysique, les mathématiques, la physique), que certaines de ces disciplines ont piétiné (à ses yeux, la métaphysique), que d'autres (comme les mathématiques) ont très tôt atteint la perfection et que la physique, elle, progresse sans arrêt. Mais il ne s'agit pas de tenir ce donné pour un dogme. Il importe de le critiquer pour déterminer les conditions de possibilité de ce donné. C'est cela, l'attitude critique : quelque chose étant donné, se demander à quelles conditions ce donné est donné comme ceci plutôt que comme cela. Kant prend donc pour point de départ, dans sa théorie de la connaissance, le fait que la pensée humaine a élaboré la mathématique, la physique – Galilée, l'admirable édifice newtonien – et la métaphysique. Il passe ces productions au crible de sa réflexion. Il pose la question : comment doit-on concevoir le statut du sujet connaissant pour qu'il y ait de la connaissance ? Comment doit-on concevoir l'objet connu – ce qu'on a coutume d'appeler dans le vocabulaire quotidien la « réalité » – pour qu'il y ait de la physique et de la mathématique ? Jamais, je pense, on n'était allé aussi loin dans le questionnement. L'analytique transcendantale de la *Critique de la raison pure* (qu'on ne s'effraie pas : en fin de compte, cette terminologie n'est pas aussi complexe qu'il peut le sembler au premier abord) est, en somme, une description de ce que doivent être le sujet connaissant et l'objet connu pour qu'il y ait de la connaissance. Suivons cette description : nous verrons qu'elle est simple et procède d'un extraordinaire bon sens. A cet égard, Kant a raison de se réclamer de Hume. Celui-ci lui a permis d'éviter les pièges de la métaphysique traditionnelle.

> Kant, *Prolégomènes à toute métaphysique future qui pourra se présenter comme science*, Vrin, p. 13 (trad. J. Gibelin).
>
> Je l'avoue franchement : ce fut l'avertissement de David Hume qui interrompit d'abord, voilà bien des années, mon sommeil dogmatique et qui donna à mes recherches en philosophie spéculative une tout autre direction.

Alors, que faut-il pour qu'il y ait de la connaissance du côté du sujet connaissant ?

Il faut d'abord qu'il y ait une affection, nous dit Kant. L'homme est d'abord passif. Pour que quelque chose soit connu, il faut que le sujet connaissant soit affecté, qu'il reçoive quelque chose. Cela marque la finitude humaine par opposition à l'infinité de Dieu. Dieu n'a besoin de rien pour connaître. Pour être non plus. L'homme, pour connaître, a besoin que quelque chose lui soit donné. Kant dit cela d'une autre manière. La première faculté, mise en jeu par la connaissance, est la sensibilité. Quelque chose qui ne vient pas de l'homme. Il y a un donné qui affecte la sensibilité humaine. Ce sera le matériau de la connaissance. Mais cette sensibilité humaine, bien qu'elle soit passive, n'est pas neutre. Elle est, en quelque sorte, constituée comme un champ. Ce qu'elle reçoit, elle le transforme passivement. Tous les messages venant du monde extérieur sont nécessairement reçus dans un espace – nous ne pouvons pas percevoir, c'est-à-dire voir, sentir, entendre, sans que ce donné soit dans l'espace. Nous ne pouvons pas non plus recevoir les messages qui viennent de nous-même ou de l'extérieur sans que ces messages soient dans le temps. Bref, la sensibilité est informée, elle a des formes, et tout message se donne dans la spatio-temporalité.

> Bien sûr, l'espace dont parle Kant, c'est l'espace euclidien. A cette époque, on ne conçoit pas encore d'autres types de géométrie. Quant au temps, c'est le temps linéaire de la succession.

Voilà la première étape. L'homme est affecté, mais il organise, en restant passif, ces messages selon l'espace et le temps. Tout cela est – disons, pour simplifier – « inconscient ». Il ne le sait pas. Tout cela se produit transcendantalement, nous dit Kant. Alors on ne peut pas répondre à la question de savoir *cela* qui affecte le sujet connaissant car, dans la mesure où tout message est immédiatement transformé par la sensibilité, ce qu'est la chose en soi, c'est-à-dire en dehors de la connaissance qu'on en a, est inaccessible. J'insiste bien : Kant n'est pas du tout un philosophe agnostique, c'est-à-dire un philosophe qui affirmerait qu'il y a de l'inconnu pour l'homme. Il constate simplement ce que la psychologie animale a mis en évidence au cours du XXe siècle, à savoir par exemple que les abeilles sont affectées par une couleur, au-delà du violet, que nous ne pouvons voir. Le comportement des abeilles indique qu'elles perçoivent cette couleur.

Mais il n'est pas donné à l'homme de savoir ce qu'elle est parce que notre sensibilité n'est pas constituée pour la recevoir. Voilà – c'est une métaphore pour me faire comprendre que j'emploie là – comment Kant conçoit la première étape de la connaissance : une passivité informatrice. La seconde étape, elle, est active. Reprenant le vocabulaire de son époque, Kant déclare que le *je* connaissant applique les règles de l'entendement à ce matériau qui est donné dans la sensibilité. Les règles de l'entendement, Kant les appelle « catégories ».

Qu'est-ce qu'une catégorie chez Kant ?

C'est simplement un concept-pivot qui possède une très grande généralité. Par exemple, nous ne pouvons pas percevoir et concevoir le réel sans y introduire la causalité, des séquences de causes et d'effets. La succession temporelle – phénomène A, phénomène B – est transformée par notre activité intellectuelle : A, qui est avant B, cause le phénomène B. De la même manière, nous ne pouvons pas concevoir la réalité sans penser qu'il y a, lorsque nous constatons des transformations, quelque chose de permanent qui nous permet de repérer ces transformations. C'est une des vieilles catégories de la pensée classique : le rapport entre la substance et l'accident.

Autrement dit, les catégories sont les principes généraux qui gouvernent à la fois notre conception et notre perception de la réalité sensible. J'imagine qu'alors on peut répondre à la deuxième question que se posait Kant : le sujet connaissant est le *je* qui applique les règles, ou catégories, de l'intellect au matériau donné dans la sensibilité. Mais que devient l'objet connu ?

C'est le résultat de cette opération. La réalité sensible, que nous appelons couramment le « réel », n'est pas une chose qui serait là en face du sujet connaissant. Ce que nous appelons le « réel » est produit – j'insiste – par le sujet connaissant. C'est en fonction de sa sensibilité et de son organisation intellectuelle que le sujet connaissant transforme le matériau qui lui est fourni, imposé, par cette extériorité inconnaissable. Kant déclare que ce que nous connaissons, c'est le monde des phénomènes, et que ce monde est constitué par un matériau irréductible qui ne dépend en aucune manière de l'homme. Je le répète : il y a du donné – et par une forme qui, elle, est celle de la sensibilité et de l'entendement humains. Pour ma part, je considère qu'aujourd'hui encore l'analyse kantienne, dans son schéma d'ensemble, est indépassable. Tous les progrès scientifiques réalisés depuis n'ont fait que confirmer ce schéma d'ensemble. Certes, Kant ne pouvait raisonner qu'avec les idées de son temps. Nous savons aujourd'hui que la mathématique est plus complexe qu'il ne le croyait, que les catégories de l'entendement humain ne sont pas en nombre fini mais, très probablement, en nombre infini. Par conséquent, la nature que nous percevons et concevons évolue au rythme même des transformations de l'entendement humain. Mais je ne crois pas que l'on puisse aller plus loin pour penser le connaître de l'homme. Il y a une troisième faculté qui s'ajoute à la sensibilité et à l'entendement actif : la raison. Kant l'appelle la « faculté des principes ». Abordant le rôle de la raison dans la connaissance, il constate que le sujet connaissant ne se satisfait pas d'assigner, par exemple, comme je l'indiquais tout à l'heure, une relation de causalité entre deux termes successifs (A et B). Il voudrait pouvoir remonter la succession des causes pour en arriver à une cause première qui rendrait intelligible la suite des causes et des effets. C'est en ce sens que la raison est faculté des principes, le principe étant ce qui est posé en premier. Or, nous dit Kant, dans le domaine de la connaissance (dans son vocabulaire, le domaine « théorique »), cet usage est illégitime. L'homme ne peut pas connaître la cause première. L'homme ne peut pas arriver à ce qu'il appelle la « détermination intégrale ».

> Et c'est à partir de cette remarque qu'il développe une critique de la métaphysique.

Puisqu'il est raison, il est normal que l'homme soit métaphysicien. Mais il est normal aussi que, étant métaphysicien, il sombre dans l'illusion. Toute la dernière partie de la *Critique de la raison pure*, qui est peut-être la plus importante de l'œuvre, consiste à montrer comment les métaphysiciens se sont trompés en parlant de leurs trois grands objets privilégiés : l'âme, le monde et Dieu. De l'âme, on ne peut rien dire. Du monde, on ne peut dire ni qu'il est fini ni qu'il est infini, ni qu'il est éternel ni qu'il n'est pas éternel. De Dieu, on ne peut démontrer ni qu'il existe ni qu'il n'existe pas. Ce sont là des objets qui ne ressortissent pas à la connaissance, car ce sont des objets à propos desquels nous ne pouvons faire aucune expérience. S'il reste quelque chose de profondément vivant dans la théorie kantienne de la connaissance, c'est l'affirmation qu'il n'y a de connaissance vraie que celle que l'on peut vérifier. Or, pour Kant, il est établi qu'on ne peut vérifier que ce qui est donné dans l'expérience critiquée et contrôlée, c'est-à-dire dans l'expérimentation.

Kant, *Critique de la raison pure*, PUF, p. 484 (trad. A. Tremesaygues et B. Pacaud).

Ainsi donc, toute connaissance humaine commence par des intuitions, s'élève ensuite à des concepts et finit par des idées. Bien que pour ces trois éléments elle ait des sources de connaissance *a priori* qui, au premier aspect, semblent repousser les limites de l'expérience, une critique complète nous convainc cependant que toute raison, dans l'usage spéculatif, ne peut jamais, avec ces éléments, dépasser le champ de l'expérience possible et que la propre destination de ce pouvoir suprême de connaître est [...] de poursuivre la nature jusque dans ce qu'elle a de plus intime [...] sans jamais sortir de ses limites, hors desquelles il n'y a plus *pour nous* qu'un espace vide.

Si j'ai donné ce titre : « Kant, penseur de la modernité », c'est précisément parce que, à mon avis, il fonde la pensée expérimentale et, en conséquence, le rationalisme critique.

Est-ce à dire qu'il n'y aurait pas d'usage théorique de la raison ?

Si. Nous venons de constater qu'il y en a un, précisément. La raison n'a qu'un seul usage théorique, cognitif, celui de se critiquer elle-même, d'être capable de se fixer des limites. La raison critique de Kant critique la raison métaphysique, qui voudrait pouvoir construire des discours exhaustifs qui diraient tout sur l'être. Or, les seuls énoncés que nous ayons sur la réalité, sur l'être, sont ceux des sciences, et, dans le domaine scientifique, on ne peut pas dépasser le cadre de l'expérience possible. L'âme, le monde, Dieu ne sont pas donnés dans ce cadre. Lorsque l'on veut construire un savoir à leur propos, on fait ou bien des paralogismes – c'est-à-dire des raisonnements faux –, ou bien des extrapolations, ou encore on se contredit.

Il y a des passages très amusants dans la *Critique de la raison pure* : sur la page de gauche, Kant rappelle un raisonnement des métaphysiciens, et, à le lire, on se convainc que le monde est infini dans l'espace ; sur la page de droite, on trouve un raisonnement tout aussi convaincant qui montre que le monde est nécessairement fini dans l'espace.

> Les deux raisonnements sont logiques, formellement cohérents, mais, comme il n'y a pas d'expériences possibles, on ne peut pas trancher entre les deux.

Voilà. Dans la *Critique de la raison pure*, Kant montre que la pensée humaine doit renoncer à cette idée qui, au fond, était à l'origine de l'entreprise platonicienne : construire un savoir absolu. Il n'y a pas de savoir absolu. Tout savoir est relatif à la structure de l'homme, pour parler avec le vocabulaire théologique : en aucune manière l'homme ne peut penser comme Dieu, parce qu'il est fini et passif. De plus, on ne peut construire des énoncés vrais qu'en fonction de l'expérience. A l'idée du savoir comme totalité se substitue la notion de système ouvert (des connaissances vérifiées expérimentalement).

> Cela signifie-t-il que, pour Kant, il n'y a pas d'absolu ? D'accord, le savoir n'est pas absolu, mais il se peut que l'absolu soit autre chose que du savoir.

Il y a, dans l'*Opus posthumum* de Kant (on a retrouvé à la mort de Kant, en 1804, des notes que l'on a publiées sous ce titre), une phrase très révélatrice à ce propos : « Qu'est-ce que la science au regard des plus hautes destinées de l'homme ? » C'est une phrase essentielle. Pour Kant, l'absolu n'est pas de l'ordre du savoir mais de la conduite, de ce qu'il appelle la « pratique ». C'est dans le domaine moral que la raison peut trouver son plein usage. Très normalement, la *Critique de la raison pratique* vient s'articuler à la *Critique de la raison pure* et, en quelque sorte, en rendre raison. L'ambition de la *Critique de la raison pratique* est considérable, bien que le point de départ en soit modeste. Kant décide de critiquer, au sens que nous avons défini tout à l'heure, c'est-à-dire de réfléchir systématiquement sur la moralité humaine. Pour la *Critique de la raison pure*, il partait de l'œuvre des physiciens ; ici, c'est la conduite des hommes dans leur vie quotidienne qui est le point de départ. Le bon sens populaire désigne comme acte moral l'acte désintéressé. Kant se pose la question : Qu'appelle-t-on un « acte moral » dans la vie habituelle ? Tous les gens s'entendent pour reconnaître que l'acte qui n'est pas fait dans un but personnel est de l'ordre de la moralité, acte fait, en quelque sorte, par souci de la morale. Alors, s'il est possible d'énoncer des prescriptions sur la manière dont il faut se conduire quand on est un homme, cette morale ne peut qu'être universelle. Elle ne peut que donner des prescriptions valables pour tous, quelles que soient les circonstances. Sinon ces prescriptions se réduiraient à une simple casuistique, à un simple calcul. La morale, pour pouvoir être reçue, doit valoir pour tous les cas, pour tous les hommes et dans toutes les circonstances. Et Kant n'y va pas par quatre chemins. Peut-être, dit-il, n'y a-t-il pas de morale possible, mais, s'il y en a une, elle doit être fondée sur cette prescription fondamentale : « Agis toujours de telle sorte que tu puisses ériger la maxime de ton action en loi universelle. »

Il retourne la question qu'il s'était posée et il voit que la réponse naît de ce retournement.

Prenons un exemple, comme le fait Kant dans les *Fondements de la métaphysique des mœurs.* Posons-nous la question de savoir s'il est permis de mentir. Soit un homme qui se trouve dans une circonstance où il est tenté de mentir. S'il s'interroge sur ce qu'il convient de faire pour lui selon la stricte morale, il devra se demander : Puis-je ériger en maxime universelle le fait de mentir ? La réponse est non. Que serait la communication entre les hommes si l'on pouvait mentir dans certains cas et pas dans d'autres ? Que signifie une telle casuistique ? Admettre le mensonge dans certaines circonstances l'implique dans toutes. Dès lors, Kant, avec une très grande rigueur, déclare : Il ne faut mentir en aucune circonstance. Si l'on admet ne serait-ce qu'une fois le principe du mensonge, alors toute parole est dénuée de signification, toute communication humaine est compromise.

Pour ma part, avec peut-être un peu de naïveté, je trouve cette analyse de Kant profondément vraie. Nous l'expérimentons constamment. Quelqu'un qui a menti une fois n'inspire plus confiance – c'est ce qui se passe dans les crises affectives de la jalousie, par exemple. Cela veut dire quoi ? Que l'homme a le choix. Il a le choix entre être libre et être déterminé. L'homme, en tant que sensibilité – au sens affectif cette fois et non cognitif –, en tant que passion, que sentiment, l'homme est déterminé. Exactement comme est déterminé un caillou qui roule le long d'une pente, ou une feuille emportée par le vent. Il est soumis au déterminisme, comme le reste de la nature, mais, nous dit Kant, il est dans la nature intelligible de l'homme de pouvoir, par une décision, s'extraire de cette détermination, se constituer comme sujet libre, refuser la passion, et vouloir seulement la réalisation de la loi morale, c'est-à-dire de l'universalité. Ainsi, l'homme, qui est passion, peut se vouloir volonté. Il peut se vouloir porteur de l'universel. Il peut se vouloir – j'emploie la formule kantienne – législateur et sujet dans un règne de fins rendues possibles par l'autonomie de la volonté. Il peut aussi accepter la détermination.

On a souvent dit que le programme kantien était d'un héroïsme forcené. Kant lui-même en était-il conscient ?

Il a écrit qu'aucun homme n'avait probablement accompli un acte moral dans le sens défini par lui. Il a pris soin de préciser que ces perspectives qu'il ouvre doivent être conçues comme une tâche infinie, comme *cela* que nous devons viser en dépit de notre statut d'être passionné. L'analyse kantienne est, dans le domaine de la morale, fondatrice d'une volonté de liberté que l'on ne saurait méconnaître. On a parlé de l'héroïcisme de Kant, c'est vrai ; il vaudrait mieux parler de son incitation au courage. L'essentiel de la morale de Kant réside dans ce rappel que la liberté est ce qu'il y a de plus précieux. C'est ce qu'il veut nous dire quand il affirme que c'est seulement dans l'acte que l'homme atteint l'absolu.

L'homme se constitue comme absolu lorsqu'il s'efforce d'être libre en dépit de toutes les déterminations qui pèsent sur lui. Cela vaut aussi bien dans la lutte contre la tyrannie que dans la lutte contre les passions. La suite de l'œuvre de Kant montre qu'il connaissait parfaitement la difficulté de cette entreprise, mais pensait qu'il était du devoir du philosophe de l'indiquer. La morale de Kant débouche sur une philosophie de l'histoire qui radicalise l'enseignement de l'âge des Lumières et le dépasse déjà pour indiquer d'autres horizons. On reviendra sur la morale kan-

Kant, *Critique de la raison pratique*, PUF, p. 173 (trad. F. Picavet).

Deux choses remplissent le cœur d'une admiration et d'une vénération, toujours nouvelles et toujours croissantes, à mesure que la réflexion s'y attache et s'y applique : *le ciel étoilé au-dessus de moi* et *la loi morale en moi.* [...] Le premier spectacle, d'une multitude innombrable de mondes, anéantit pour ainsi dire mon importance, en tant que je suis une *créature animale* qui doit rendre la matière dont elle est formée à la planète (à un simple point dans l'Univers), après avoir été pendant un court espace de temps (on ne sait comment) douée de la force vitale. Le second, au contraire, élève infiniment ma valeur, comme celle d'une *intelligence*, par ma personnalité dans laquelle la loi morale me manifeste une vie indépendante de l'animalité et même de tout le monde sensible.

tienne à propos de la philosophie de l'histoire, non seulement celle de Kant mais aussi celle de Hegel.

> Depuis le début de cette série de conversations, je ne vous ai pas demandé de précisions sur les personnes. Mais ce personnage qui atteint à une telle rigueur d'analyse, à cet idéal moral inaccessible, je l'imagine comme une espèce d'étoile Polaire indiquant la bonne direction. On aimerait connaître un peu plus l'homme. Qu'était-il ?

Étrange personnage qui à la fois effraie et fait rêver. Il est devenu tardivement professeur de philosophie. Il était enseignant, mais de géographie-cosmologie. Sa première œuvre est tardive. Il avait cinquante-sept ans quand il a publié la *Critique de la raison pure*. Il est mort à quatre-vingts ans. Il n'a jamais quitté Königsberg sauf une fois, dit-on, quand il a franchi le pont pour aller au-devant de la malle-poste qui apportait des nouvelles de la Révolution française. C'était un homme sévère. Il ne s'est pas marié. Nous ne lui connaissons pas d'aventures féminines. La légende prétend qu'il faisait soigneusement émonder les arbres de son jardin pour éviter que le bruit et la vision des feuilles ne le troublent lorsque, en été, il travaillait fenêtres ouvertes. La légende dit encore qu'il aimait bien boire de la bière et du schnaps en abondance avec les intellectuels du pays, le pharmacien, le médecin, l'avoué, le notaire... Voilà ce personnage tout de rigueur, mais aussi d'une extrême sensibilité. On a beaucoup dit qu'il écrivait mal. Je ne suis pas suffisamment germaniste pour juger de son style en allemand, mais il y a dans les traductions françaises des pages d'une réelle grandeur. C'est un personnage contradictoire, probablement angoissé, s'efforçant de dominer son angoisse, de faire triompher son autonomie, et présentant quelquefois d'étranges travers, comme de haïr les feuilles des arbres.

> Ce matériau qui échappe à l'homme, par quoi les phénomènes lui sont donnés, quelle réalité a-t-il dans la pensée de Kant ? C'est une autre façon de s'interroger sur le réalisme du philosophe. Le monde matériel existe-t-il – et je n'en perçois que le reflet –, ou bien ce monde matériel n'est-il que le résultat de ma propre production ?

Kant est formel. La réalité existe extérieurement à la pensée humaine. La chose en soi existe. Kant dit cela ainsi : contrairement au Dieu des théologiens, l'homme ne crée pas son objet.

Dire de Kant qu'il est idéaliste ne signifie pas grand-chose. Il pense simplement que l'homme travaille sur un matériau. Dès le moment où il commence à percevoir et à concevoir, il transforme *cela* qui lui est offert. Dès lors, ce qu'est *cela* quand ce n'est pas offert, nous ne pouvons pas le savoir. Ce n'est pas l'objet d'un savoir. Voilà la réponse kantienne. Est-ce un postulat ? Je crois qu'on pourrait dire plutôt que c'est un compte rendu d'expérience. Vous savez, en fait, des philosophes idéalistes au vrai sens du terme, qui pensent que la réalité est une projection de l'homme, du sujet connaissant, il n'y en a jamais eu. Pourquoi ? Parce que, dans l'ensemble, les philosophes ne sont pas idiots, ni délirants. Toute notre expérience quotidienne montre que cela existe. On cite toujours le cas de l'évêque de Cloyne, Berkeley, philosophe idéaliste. Mais Berkeley a construit toute sa démonstration pour montrer qu'il fallait supposer un Dieu qui crée précisément l'objet, la réalité, faute d'une autre preuve de son existence. Donc aucun philosophe n'a été idéaliste au sens courant. Cela me paraît parfaitement clair, et ces formes d'allégations concernant la philosophie sont très irritantes par les contresens dont elles témoignent. En particulier, il est un livre célèbre qui m'agace, c'est le livre de Lénine, *Matérialisme et Empiriocriticisme*. Je le dis clairement : je garde une certaine admiration pour Lénine penseur politique, mais vraiment, en philosophie, il est stupide.

> L'âme, Dieu, le monde, voilà des choses inaccessibles à la connaissance. Le monde, en particulier, cela rejoint les positions de certains scientifiques ou philosophes des sciences contemporains, quelque chose comme une limite au contrôle expérimental direct.

La méditation sur la *Critique de la raison pure* me paraît indispensable pour bien comprendre la différence entre les problèmes. Kant montre que le discours se fondant sur quelques expériences perceptives ou sur le vécu, qui prétend élaborer un savoir de ce que l'être est en soi, ce discours est certainement illégitime. Il débouche sur rien ou sur n'importe quoi. On peut, à propos du monde, dire ceci ou cela ; ainsi de l'âme et de Dieu. Ce ne peut pas être l'objet d'une connaissance. Cela dit, dans le domaine qui est proprement celui de la connaissance scientifique, Kant était profondément optimiste. Je ne sais pas ce qu'il aurait pensé face aux relations d'incertitude de Heisenberg, mais j'imagine qu'il aurait dit que c'était là une difficulté propre à l'expérience scientifique et que cette difficulté serait levée par un approfondissement de l'expérience, comme je crois que cela a été le cas. Après bien des débats, on a mis au point une approche probabiliste qui permet de dépasser cette difficulté. Il faut bien distinguer entre l'ontologie et la connaissance scientifique. Ce que Kant établit avec une grande fermeté, c'est que, concernant le réel, il n'y a que la science qui puisse développer des énoncés vérifiables. Il n'y a donc que la science dont on puisse dire qu'elle produit des énoncés vrais.

Est-ce que ce ne seraient pas là les racines de la pensée positiviste ?

Eh bien, non. Dire que la science est seule à produire des énoncés vrais n'est pas affirmer qu'elle va fournir la totalité de la vérité. C'est là toute la différence entre Emmanuel Kant et Auguste Comte. J'ai insisté sur le fait que Kant était le fondateur de la pensée expérimentale. On pourrait en inférer que c'est un proche parent d'Auguste Comte, qui, quelques décennies après lui, va dire : La métaphysique est morte, la science l'a tuée. La métaphysique est morte par cachexie, puisque c'est la science qui rend compte de ce dont elle parlait. Kant est, à mon avis, beaucoup plus subtil, et il nous permet de mieux expliquer le cheminement de l'esprit humain. Aujourd'hui, nous constatons qu'il y a encore de la métaphysique, bien que la science se soit développée. On pourrait même dire qu'à partir des avancées scientifiques les philosophes et les savants eux-mêmes développent souvent des métaphysiques ou des ontologies ; la perspective d'Auguste Comte n'est donc pas vraie : la science n'a pas tué la métaphysique. Par contre, la réflexion sur l'œuvre de Kant nous montre bien que lorsqu'un scientifique, à partir de résultats vérifiés expérimentalement, extrapole dans le domaine ontologique, lui aussi retourne dans l'illusion. Parce que nous sommes raison, et raison théorique, nous voulons toujours l'axiome absolu, l'explication définitive. Cela fait partie de l'esprit humain et, en faisant cela, l'homme se trompe, mais il ne peut pas ne pas se tromper. Cette pensée kantienne est passionnante. Autrement dit, Kant serait le tenant de cette idée que les grandes métaphysiques sont les grands mythes de notre époque.

> Vous disiez tout à l'heure : Kant déclare que l'homme a le choix entre être libre et être déterminé. J'entends que l'homme est libre puisqu'il est libre de choisir d'être libre ou d'être déterminé. Il est donc libre *a priori* ?

Je crois que Kant répondrait à cette question – c'est bien ambitieux de ma part de lui prêter des réponses – de la manière suivante : il faut postuler que l'homme est libre, sinon on ne peut pas comprendre sa conduite. Comment comprendre, sinon, ces surgissements que l'on voit ici et là d'actes désintéressés, faits par pur respect de la loi. On doit, devant ce donné irréductible, postuler que l'homme est libre et constater dans le même temps que cette liberté est sans arrêt menacée. Elle n'est jamais acquise, elle doit toujours faire l'objet d'une lutte courageuse.

> La liberté est ce qu'il y a de plus précieux, la passion doit donc se « vouloir » volonté. C'est par l'action que l'homme peut espérer se constituer dans l'absolu. Ce cadre moral, à la limite, rend la morale elle-même inaccessible. C'est pourtant le but qu'il faut se donner. Kant, sachant ce but inaccessible, en proposait la direction comme un tropisme. J'imagine Sisyphe poussant son rocher. Dans ma tête, les images se font équivalentes.

Je prendrai une autre image. Non le rocher qui retomberait, mais un rocher qu'il faudrait toujours rouler, sans qu'il retombe. Ce serait la différence, si vous voulez, entre Kant et Camus, si tant est qu'on puisse mettre l'un à côté de l'autre deux penseurs qui, du point de vue conceptuel, ne sont pas de même taille.

6. L'histoire

Après Kant, une figure s'impose, confrontant philosophie et histoire : Hegel. L'idée du progrès intellectuel et matériel héritée de l'âge des Lumières est radicalisée par un événement majeur, la Révolution française. Les gouvernants et les peuples apprennent, dans la souffrance mais apprennent, leur destin historique. Hegel formalise cet événement. Il s'efforce de construire le savoir qui rend intelligible le devenir de l'humanité et d'organiser son présent sous les auspices de la raison. Encore un penseur réputé difficile, que certains tiennent pour le dernier des grands philosophes classiques, pour celui qui a mis fin, par une réussite exemplaire, à l'entreprise métaphysique.

En fait, Hegel constitue une synthèse de tout le savoir philosophique passé. Il rassemble dans ses écrits les découvertes faites par la pensée moderne. Situons-le historiquement. Peut-être, de cette manière, apparaîtra-t-il un peu moins complexe. On se souvient que l'un des buts de l'entreprise kantienne, en dehors de la fondation des sciences expérimentales, a été de fournir à l'humanité un cadre pour son action. Kant – aspect sur lequel je suis peut-être passé un peu vite – se situe dans l'optique de l'âge des Lumières dans la mesure aussi où il veut constituer une société des esprits. J'ai cité une des lois abstraites de sa morale : être toujours législateur et sujet dans un règne de fins rendu possible par l'autonomie de la volonté. En énonçant un tel programme, Kant reprend l'idée de certains penseurs du XVIIIe siècle, qui voulaient réunir tous les hommes de bonne culture, de bonne moralité, tous les hommes de réflexion et de progrès autour d'une perspective de salut fondée sur la lutte contre l'obscurantisme et la misère. Kant reprenait ce programme : réunir les hommes autour de la raison pratique. Mais il apportait de nouveau le fait qu'aucun homme ne peut être exclu, que la société des esprits devait s'étendre à l'humanité tout entière. C'était cela qu'il nous proposait comme tâche infinie.

> En somme, il disait – préfigurant d'une certaine manière l'objectif défendu par Hegel – qu'un homme ne peut pas être libre tout seul.

Un homme ne peut accomplir sa liberté que s'il vit dans un monde d'hommes libres comme lui et qui, comme lui, appliquent les préceptes de la raison pratique. Voilà qui va hanter la pensée hégélienne. Un autre aspect de cette pensée porte une réflexion très attentive, minutieuse et en même temps dramatique, sur l'idée de progrès. Cette idée est un des éléments fondamentaux des Lumières – l'homme est perfectible et ne peut se réaliser que dans ce perfectionnement. Cette idée de progrès a trouvé des actualisations dans le monde pratique. Par exemple, nous avons vu que les idées proposées par John Locke ont été actualisées discursivement dans les écrits au XVIIIe siècle, mais aussi, pratiquement, dans la Révolution française. Hegel s'inscrit dans cette perspective. Il prend en compte ce qui a été établi par les théoriciens politiques et ce qui a été fait par les Français lors de la Révolution. Il intègre aussi une discipline, née de cette volonté de progrès : l'économie politique. Bien sûr, les hommes réfléchissaient depuis longtemps sur les problèmes de la production, de la distribution et de la consommation des biens. Il y a des écrits économiques d'Aristote, de Xénophon. Mais c'est seulement au XVIIIe siècle que l'économie politique acquiert un statut autonome. L'Écossais Adam Smith est considéré comme le fondateur de cette discipline. Hegel se situe aussi dans ce point de vue, mais en le dramatisant et en l'approfondissant. Condorcet – important par le fait qu'il a synthétisé tout un courant de pensée – résume assez bien ce à quoi Hegel est confronté. Condorcet publie – en fait, il ne le publie pas, puisque c'est un ouvrage qui paraît une année après sa mort – *Esquisse d'un tableau des progrès de l'esprit humain* (1797). Dans cet ouvrage, il définit l'axiome fondamental du progressisme. En simplifiant beaucoup, je l'énoncerai ainsi : si les hommes sont méchants, cruels les uns avec les autres, c'est qu'ils sont malheureux. S'ils sont malheureux, c'est qu'ils sont dénués de satisfactions matérielles et intellectuelles légitimes. Ils n'ont pas assez développé les instruments de leur bonheur – j'entends de leur bonheur matériel – et ils sont encore effrayés par ce qui les entoure, parce qu'ils n'ont pas assez de lumières.

> Dès lors, le programme est tout tracé : donnons aux hommes le progrès matériel, fournissons-leur les instruments d'une meilleure existence sur cette Terre, donnons-leur aussi des connaissances, et, cessant d'être malheureux, ils cesseront d'être méchants. La paix régnera enfin en ce monde.

C'est, en somme, la version matérialiste, au sens très large du terme, de la vision idéaliste de Kant lorsqu'il pense à une société des esprits qui s'étendrait à l'humanité tout entière. Ce qui est frappant dans ces événements, c'est la présence de l'histoire. Une nouvelle dimension s'impose à la philosophie, comme désormais indispensable à la réflexion. Sans doute y a-t-il une nature humaine dans l'idée de progrès, mais cette nature humaine est perfectible, susceptible de se transformer. L'histoire s'impose comme quelque chose d'irrécusable. La seconde moitié du XVIIIe siècle s'en trouve marquée. Bien sûr, le fait n'est pas nouveau. La philosophie de l'histoire, dans sa perspective moderne, date de bien avant. A dire le vrai, le premier livre de la philosophie de l'histoire, c'est *La Cité de Dieu* de saint Augustin, qui date du IVe siècle, mais, dans le discours augustinien, cette analyse du devenir de la cité des hommes renvoie, en fin de compte, à une révélation intemporelle : la révélation de la Providence divine. La cité des hommes en devenir renvoie à la cité de Dieu, qui, elle, possède une espèce d'éternité. De la même manière, *L'Histoire universelle* de Bossuet se situe dans cette optique, mais examine toujours cette histoire d'un point de vue qui n'est pas historique. Avec le XVIIIe siècle, il semble que l'histoire envahisse la totalité du réel. Et nous devrons essayer de comprendre avec Hegel les conséquences de cet événement dans le discours philosophique.

Est-ce que, pour résumer, on pourrait dire qu'à la fin du XVIIIe siècle et au début du XIXe, que nous abordons maintenant, la philosophie de l'histoire, dont la pensée chrétienne a élaboré les concepts fondamentaux, devient réaliste, matérialiste ? Elle s'efforce de penser non pas une histoire intellectuelle ou spirituelle, mais vraiment

> l'histoire des peuples, l'histoire des nations. Et l'enseignement hégélien recueille et précise cet aspect décisif.

Hegel, tout jeune, écrivait dans ses papiers personnels : « Penser la vie, voilà la tâche. » La vie, pour lui, c'est essentiellement l'histoire de l'humanité. Penser l'histoire, tel est donc le premier élément de la réflexion hégélienne. Par ailleurs, la philosophie de Kant, comme théorie de la connaissance, a eu un étrange effet : elle a provoqué comme une stérilisation de la pensée allemande. Est-ce l'ampleur même de cette philosophie, est-ce sa rigueur ? Toujours est-il que, après la mort de Kant, le kantisme et, plus généralement, la pensée critique apparaissent comme un obstacle au développement de la réflexion. Alors, de jeunes intellectuels se dressent contre cette pensée devenue pensée d'école. Ils protestent contre la rigueur de la pensée critique. Cela correspond à un mouvement de l'époque : le romantisme. Le romantisme avait été en Allemagne préparé par cet admirable mouvement qu'on a coutume de désigner par l'expression *Sturm und Drang* (tempête et remuement, tempête et émotion). Le romantisme allemand se développe aussi dans le champ philosophique. L'époque où le jeune Hegel travaille est, je le répète, une époque diablement agitée : la Révolution française a secoué profondément les esprits, Napoléon Bonaparte s'est fait empereur et a envahi l'Europe. Dans ce climat, se constitue une forme de pensée avide de concret, de réalité. Hegel se trouve donc dans un conflit qui oppose une pensée kantienne, interprétée d'une manière de plus en plus sèche qui en accentue l'aspect critique, et une pensée romantique, qui – je reprends ici la terminologie de Hegel dans *La Phénoménologie de l'esprit* – vous délivre l'absolu comme on donne un coup de pistolet dans le cœur.

Hegel, *La Phénoménologie de l'esprit* (préface), Aubier, vol. I, p. 25 (trad. J. Hyppolite).

Ce livre présente le devenir de la *science en général* ou du *savoir*. Le savoir comme il est d'abord, ou l'*esprit immédiat*, est ce qui est dépourvu de l'activité spirituelle, la *conscience sensible*. Pour parvenir au savoir proprement dit ou pour engendrer l'élément de la science, qui est pour la science son pur concept, ce savoir doit parcourir péniblement un long chemin. – Ce devenir, tel qu'il se présentera dans son contenu, avec les figures qui se montreront en lui, ne sera pas ce qu'on imagine tout d'abord sous le titre d'introduction de la conscience non scientifique dans la science, il sera autre chose aussi que l'établissement des fondations de la science ; – et bien autre chose que cet enthousiasme qui, comme un coup de pistolet, commence immédiatement avec le savoir absolu et se débarrasse des positions différentes en déclarant qu'il n'en veut rien savoir.

Ce sont de jeunes prophètes, avides d'exhiber Dieu, l'être, l'âme, qui retournent à ce que Kant critiquait. D'une certaine manière, l'hégélianisme – là encore, je schématise – veut être une synthèse dépassant les deux points de vue. Hegel considère que la critique kantienne est indépassable mais que la revendication de cette jeune pensée à la recherche de l'absolu est légitime. Pour lui, un besoin de concret s'inscrit dans cette revendication qu'on ne saurait, en aucune manière, éluder.

> C'est sans doute là une autre intuition fondamentale de Hegel lorsqu'il commence à élaborer son système, dans les premières années du XIXe siècle. Il voudrait pouvoir achever la métaphysique.

Kant a dit qu'il n'y avait pas de savoir absolu, Hegel répond : il faut bien qu'il y ait du savoir absolu puisque les hommes le réclament. Il décide de repenser dans son ensemble l'immense production de la pensée métaphysique, de la replacer dans l'histoire des peuples afin d'achever cette métaphysique, c'est-à-dire de la réaliser. En même temps qu'il se donne pour tâche de penser la vie, il se donne aussi pour mission de réconcilier l'absolu et le savoir. Il a confiance dans la philosophie. Il pense que ce temps de remuement, de conflit, de drame, ce temps-là est propice à l'élaboration d'une pensée englobante qui pourrait reprendre tout l'acquis de la métaphysique occidentale pour la porter à un plus haut niveau. L'ambition de Hegel est exorbitante. Disons-le franchement : ce qui est surprenant, c'est qu'il ait réussi dans son entreprise. Réconcilier l'absolu et le savoir, achever la métaphysique, voilà une entreprise si grandiose qu'elle exige le dépassement de la manière dont les métaphysiciens posaient leur problème essentiel, celui de la vérité. Selon la métaphysique classique – par ce terme, j'entends la métaphysique d'école, celle que l'on peut tirer, en simplifiant les choses, aussi bien de l'enseignement de Platon et d'Aristote que de celui de saint Thomas ou de Descartes –, la question de la vérité est la question de la coïncidence entre la pensée et son objet. On pourrait dire que le problème de la vérité se pose comme si on était en présence de deux réalités l'une en face de l'autre : d'un côté, la pensée ; de l'autre, l'être. Pour servir de médiation entre ces deux réalités, la philosophie a forgé une entité, un être de raison : l'« idée ». C'est la représentation que la pensée a de l'être.

Si le problème de la vérité est celui de l'adéquation de l'idée que la pensée a de l'être et de l'être lui-même, cela suppose que l'être et la pensée soient différents, mais qu'ils se trouvent en

> connivence. Il peut y avoir l'idée, partie de la pensée, qui soit adéquate à l'être. Donc, une opposition entre pensée et être et, en même temps, une certaine complicité.

On sait que cette question du critère de la vérité – à quoi reconnaître l'idée qui correspond effectivement à ce dont elle est l'idée, c'est-à-dire qui correspond à l'être qu'elle représente ? – n'a jamais reçu de solution. Chaque fois qu'un philosophe a énoncé un critère de la vérité, il y a eu un autre philosophe pour montrer que ce critère n'était pas cohérent ou efficace, bref, ne convenait pas. Il n'y a pas de critère de la vérité, et c'est probablement ce que Spinoza a voulu dire, avec cet admirable dédain qui le caractérisait : la vérité est à elle-même son propre critère *(verum index sui)*, et elle est le critère du faux. C'était une manière pour Spinoza de repousser du pied ce problème sans solution. On sait comment Kant a essayé de le résoudre. Il a essayé de montrer que cette opposition de l'être et de la pensée était mal vue, mal conçue, qu'il fallait voir, au contraire, que la pensée produit quelque chose de l'être, la forme de l'être (la matière de l'être restant irréductible). Hegel adopte une solution beaucoup plus radicale et qui, à première vue, paraît aberrante, mais semble parfaitement sensée quand on y réfléchit. J'ai presque envie de dire : pleine de bon sens. A cet axiome qui oppose et met en connivence l'être et la pensée, Hegel propose de substituer un autre principe, que je serais tenté de présenter sous la forme d'un pari ou d'un jeu : si l'on disait que tout ce qui est pensée est pensée de l'être ? Si l'on disait que tout ce qui est être, pour être, doit être en quelque manière pensée ? Autrement dit : tout ce qui peut être pensé, tout ce qui a un sens, tout ce qui entre dans la signification, qu'il s'agisse du discours, de tel geste que je fais, de telle attitude que je prends, de telle œuvre que je construis – ce petit dessin que je fais sur ma feuille de papier –, si l'on disait que tout cela, c'est à la fois de l'être et de la pensée, qu'adviendrait-il ? demande Hegel. Sa réponse est que c'est le seul moyen de se sortir de ce problème du critère de la vérité et de la réconciliation du savoir et de l'absolu.

Suivons Hegel dans son pari. Nous allons supposer que le triangle est, nous allons supposer qu'Aphrodite est, que la mort de Louis XIV en 1715 est, que *E* (l'énergie cinétique) est égal à $1/2\ mv^2$, que l'homme a pour essence d'être un animal doué de raison, etc. Nous allons supposer que tout cela est à la fois de l'être et de la pensée, c'est-à-dire que tout cela est vrai. Bien sûr, à première vue, cette hypothèse paraît absurde. Cela signifie que tout ce qui a été signifié par l'homme – gestes, attitudes, rêveries, discours fous ou sérieux, œuvres scientifiques, œuvres littéraires, monuments –, tout cela appartient à la sphère du vrai. Oui, répond Hegel, tout cela est vrai. Mais alors, n'allons-nous pas tomber dans une espèce de magma, nous rendre incapables de distinguer le vrai du faux ? Ne sommes-nous pas obligés, ne serait-ce que dans la vie quotidienne, de distinguer les énoncés vrais des faux ? Sur un plan formel, il ne peut certainement pas y avoir de cercle carré. Même sur un plan matériel, nous ne pourrions pas vivre en construisant notre existence sur une rêverie, sur un délire. Hegel en est bien d'accord. Mais il maintient sa demande initiale. Simplement, il en ajoute une autre : il demande que l'on réfléchisse au fait que l'être n'est pas immobilité, mais devenir. L'être est devenir. Que peut bien signifier cette formule, en apparence si spéculative ? Au fond, quelque chose de très simple. Hegel le met en tête de son maître ouvrage, *La Science de la logique*, qui paraît en 1816 à Berlin. Pour résumer sa pensée, je reprendrai simplement les termes de sa démonstration. Que se passe-t-il quand on veut penser le terme « être » ? Pour parler d'une manière très psychologique : qu'a-t-on dans la tête quand on prononce le mot « être » ? L'être est ce qui est. De l'être on ne peut rien dire, sinon qu'il est. Mais déjà j'ai formulé quelque chose en disant : « De l'être on ne peut rien dire, sinon qu'il est. » J'ai employé le mot « rien », cela veut dire que le mot « être », pris ainsi, est un mot vide, un mot qui ne dit rien, un mot qui dit le rien en même temps qu'on le prononce. Donc le mot « être » pose, comme étant ce qui le constitue, le néant. Pour pouvoir penser l'être il faut, en même temps, penser le néant, sans quoi le mot « être » n'a pas de signification. Réfléchissons à ce qui se passe alors dans la pensée : quand on pense l'être, on ne peut pas ne pas penser le néant, mais quand on pense le néant, on pense quand même quelque chose, donc on pense quand même qu'il est.

> Eh bien, que se passe-t-il dans ce va-et-vient entre cet être qui se pose comme étant en même temps néant et ce néant qui, dès le moment où on l'appréhende, se pose comme être ?

Il se passe un mouvement qui renvoie de l'être au néant, c'est-à-dire, très précisément, au devenir. Le devenir est la vérité à la fois de l'être et du néant. Cette démonstration abstraite, purement logicienne, rejoint l'intuition que j'évoquais tout au début, à savoir que ce sont aussi bien les devenirs du savoir, des sociétés, des individus, de la culture qui sont en cause : c'est l'histoire. Ce début extraordinairement spéculatif et abstrait de *La Science de la logique* ne fait qu'exprimer, sous une forme discursive et sèche, ce que chacun peut constater à l'époque : il y a de l'histoire, du devenir. On ne peut pas éluder cet aspect de l'être. L'être devient. Voilà ce qu'établit logiquement *La Science de la logique*. La réalité que nous avons sous les yeux le manifeste à chaque instant. Si l'on a compris cela, il devient possible de se dégager de cet éclectisme dans lequel on se trouvait en acceptant le premier principe proposé par Hegel.

Prenons, si vous le voulez, parmi les vérités que j'énonçais tout à l'heure, Aphrodite. Nous sommes aujourd'hui dans une forme de pensée monothéiste – nous ne croyons plus qu'Aphrodite soit. Nous disons qu'Aphrodite est la déesse de l'Amour : cela veut dire que nous pensons qu'Aphrodite n'est pas. Mais ce que nous disons aujourd'hui, dans notre contexte, était pour les Grecs une vérité. Dire : « Aphrodite est la déesse de l'Amour », c'était dire qu'elle était. C'était affirmer une vérité. Si donc on adopte ce principe que l'être est fondamentalement – on devrait plutôt dire : foncièrement – devenir, que le tissu de la pensée est l'histoire, alors la tâche de la philosophie est de se constituer en philosophie de l'histoire. Elle aura elle-même pour objectif de mettre de l'ordre, un ordre d'intelligibilité historique, dans cet immense matériau fourni par ce que tous les hommes ont pensé, construit, imaginé, élaboré.

Voilà la tâche que s'est assignée Hegel. Lorsqu'il écrit en 1806, deux ans après la mort de Kant, *La Phénoménologie de l'esprit*, à la fois introduction et première partie de son système, Hegel se donne une mission pédagogique : il veut montrer à ses contemporains qu'ils doivent, très patiemment, très lentement, repenser l'histoire de la culture depuis ce qu'il dit être ses débuts, afin d'en suivre le mouvement, de voir comment, progressivement, les diverses notions se sont formées, pour en venir, à la fin du livre, à comprendre ce qu'il en est de nous aujourd'hui. Mission considérable – d'une certaine manière, folle – que celle de rassembler tout ce que les hommes ont pensé, fait, dit, construit, tout ce qu'ils ont vécu, dans un ensemble systématique. Pour lui, ce que sont les hommes à ce moment-là, en 1806, c'est ce que l'humanité tout entière est devenue. Bref, il y a dans cette idée que l'esprit, né d'une manière très humble dans les bouillonnements des mers du côté de l'Insulinde, passé ensuite par la Chine, les Indes, la Perse, l'Égypte, la Grèce, le Saint Empire romain germanique, que l'esprit, donc, se trouve finalement en 1806 dans le bureau de Hegel en train de rédiger *La Phénoménologie de l'esprit.*

Pouvez-vous donner un exemple qui nous permettrait de mieux comprendre cette métaphysique réalisée, achevée, en philosophie de l'histoire ?

Pratiquons une coupe dans ce devenir universel de l'être et de la pensée, qui est en même temps le devenir de l'humanité. Hegel décrit la cité grecque. Elle est faite d'une certaine configuration d'éléments qui s'articulent les uns aux autres. Selon lui – il n'est pas exclu qu'il ait tout à fait raison –, la voie d'accès privilégiée pour comprendre la cité grecque, c'est la tragédie, en tant qu'elle permet de comprendre à la fois la religiosité des Grecs et leur civisme. Elle permet donc de comprendre la liaison entre la religiosité et la cité. A travers l'analyse qu'il fait des tragédies de Sophocle, Hegel découvre des éléments constitutifs de cette pensée grecque. Il étudie la formation de la cité, la pointe extrême du civisme qui se manifeste dans la démocratie athénienne à l'époque de Périclès, il analyse les grands philosophes grecs – non seulement Platon et Aristote, comme nous l'avons fait ici même, mais également ceux dont nous n'avons pas parlé, comme Démocrite, Épicure, les premiers stoïciens... –, il poursuit son étude par l'amorce de la décadence, puis par la décadence de la cité, qui devient une municipalité endormie au soleil. Première étape. Son objectif est de mettre en évidence ce que les Grecs ont découvert. Selon lui : la liberté. Tout ce travail vient témoigner qu'avant les Grecs les hommes étaient des hommes, mais vivaient sans penser à la liberté. Ils ne se pensaient pas comme libres ou, plus exactement, il y avait dans les despotismes orientaux précédents (la Perse ou l'Égypte, par exemple) des hommes libres, les chefs, mais l'ensemble de la population était dominé. Les Grecs se sont efforcés d'étendre à une part plus large de l'humanité ce principe de la liberté, et Hegel montre comment la raison a servi d'instrument de compréhension entre ces divers hommes libres, comment les Grecs, qui voulaient la liberté, ont construit le projet du discours rationnel. Il montre également pour quelles raisons s'est introduite la décadence. Survient une antithèse après cette thèse. L'antithèse est fournie par l'Empire romain. L'antithèse n'est pas seulement une opposition, elle est déjà un dépassement. Elle va regrouper des éléments présents dans la thèse, mais pour les intégrer dans une perspective différente. De la même manière, Hegel montre l'apport de la civilisation romaine à l'humanité. C'est la « prose du monde », nous dit Hegel, c'est le droit. Mais, d'un autre côté, les Romains ont perdu certains éléments que les Grecs avaient apportés. Vient alors la période de synthèse, la pensée chrétienne reprenant dans la pensée grecque, dans l'Empire romain, et combinant ces emprunts d'une manière originale pour faire surgir une nouvelle figure de l'humanité.

Alors, la philosophie de l'histoire vue par Hegel, contrairement à la vision de Condorcet, n'est plus un devenir simplement cumulatif, les apports technologiques venant s'ajouter comme une brique se pose sur une autre brique ?

Pour Hegel, le devenir est essentiellement dramatique. Un peuple joue son rôle dans l'histoire de l'humanité. Pour jouer ce rôle, il est, en général, obligé de vaincre par la violence la figure qui l'a précédé. Il sera lui-même vaincu par la violence, par la figure qui lui succédera. Mais, chaque fois, du nouveau est introduit, jusqu'au moment où on en arrive à cette période ultime, à ce commencement de la fin qu'est précisément l'œuvre de Hegel. La philosophie de l'histoire hégélienne est une philosophie de l'histoire dramatique. Elle est tout entière fondée sur l'idée que les hommes progressent par ce type spécifique de violence qu'est la guerre. Chaque culture a sa philosophie, ses philosophies même. A l'intérieur de la cité grecque, par exemple, Hegel introduit une périodisation dialectique, passant également par cette position-opposition-dépassement. Il y a là une vision qui s'efforce de réconcilier la recherche de l'intelligibilité intégrale et les aspects les plus concrets, les plus vivants, de la réalité humaine dans l'histoire. La raison est une raison qui chemine avec des ruses. Hegel insiste beaucoup sur le rôle du héros. Le héros, c'est celui qui accomplit une étape de l'histoire de l'humanité, mais qui ne sait pas qu'il l'accomplit. Par exemple, Napoléon Bonaparte, que Hegel admire par ailleurs, est considéré par lui comme un de ces héros qui n'ont absolument pas su ce qu'ils faisaient. C'est lui qui a institué l'État moderne, mais il l'a fait pour assurer le bien-être de sa famille, la grandeur de son pays d'adoption. Il a voulu prouver qu'il était le meilleur stratège de tous les temps. Il n'a pas du tout su qu'il bâtissait l'État moderne et, pour Hegel, il en est ainsi de tous les héros. Ils font l'histoire mais ils ne le savent pas. C'est le philosophe qui comprend et formalise dans un discours les apports de chaque période et de ceux qui en ont été les agents les plus résolus. Cette vision hégélienne suppose un privilège d'époque par rapport aux autres. On pourrait poser à Hegel la question suivante : comment se fait-il qu'il ait fallu attendre son arrivée pour penser le devenir de l'humanité ? Comment se fait-il que les hommes n'aient pas déjà compris que l'être était devenir ? Hegel ne peut prétendre que c'est à cause de lui, parce qu'il est plus intelligent, plus cultivé, plus savant (c'est une formule qu'un philosophe ne peut pas employer). Mais il a une réponse toute prête : il pense qu'avec l'État institué par Napoléon Bonaparte, avec le prolongement de cette institution, les transformations politiques qui se produisent en Angleterre, en Allemagne, en France également, après la défaite napoléonienne, l'État moderne se met en place. Or, selon Hegel, l'État moderne est la réalisation de la raison.

Hegel, *Principe de la philosophie du droit*, Vrin, p. 264 (note de Hegel) [trad. R. Derathé].

L'essence de l'État moderne consiste dans l'union de l'universalité avec la totale liberté de la particularité et la prospérité des individus, si bien que, d'une part, l'intérêt de la famille et de la société civile doit s'ajuster à l'État, mais que, d'autre part, l'universalité du but ne peut progresser sans le savoir et le vouloir de la particularité, qui doit conserver son droit. Ce n'est que parce que ces deux moments subsistent dans toute leur force que l'on peut considérer l'État comme un État vraiment bien différencié dans ses parties et véritablement organisé dans son ensemble.

La raison, qui, jusqu'alors, était de l'ordre du discours ou de telle ou telle personne privée, devient l'apanage de la société tout entière. C'est pourquoi cette époque est favorable à la réconciliation de l'absolu et du savoir, favorable à l'apparition de la vérité, étant bien entendu que le vrai ne peut être que la totalité de toutes les connaissances humaines.

Le vrai est le tout. Il faut expliquer cette formule.

Le mieux est peut-être d'anticiper sur une expérience que chacun pourra faire. Dans l'ouvrage pédagogique de Hegel, *La Phénoménologie de l'esprit*, il y a un chapitre intitulé « Le savoir absolu ». Quand on lit *La Phénoménologie* – ce n'est pas une mince tâche, c'est un livre incontestablement difficile, mais, comme disait Platon, tout ce qui est beau est difficile – et qu'on en arrive à l'avant-dernier chapitre, on a hâte de savoir comment cela se termine. Dans la pensée hégélienne, précisément parce qu'elle est dramatique, il y a du suspens. Chaque chapitre renvoie au suivant et, quand on a bien compris le cheminement de la pensée, on a envie d'aller plus loin. Mais même en feuilletant simplement l'ouvrage, on est surpris parce que tous les chapitres qui précèdent ont une cinquantaine de pages. Or ce qui caractérise le chapitre sur le savoir absolu, c'est qu'il a huit pages. Étrange que le savoir absolu, ce qui englobe ce que les hommes ont pensé depuis qu'ils pensent, tienne en huit pages. Comment cela est-il possible ? Et, dans ce dernier chapitre, Hegel, avec ce type d'humour qui le caractérise, explique très simplement – j'ai envie de dire : tendrement – à son lecteur que le savoir absolu, c'est précisément ce qu'il vient de lire, c'est l'ensemble du livre. Si l'être est le devenir, la vérité de l'être est le devenir de la vérité. Dans *La Phénoménologie de l'esprit*, Hegel ne se contente pas de faire une histoire de la pensée philosophique, où chaque philosophie vient à sa place pour occuper la fonction qui lui revient dans le nécessaire développement de l'histoire universelle, mais aussi il analyse des « attitudes existentielles », comme on dit aujourd'hui. Il étudie le moine ascétique, le seigneur féodal, le courtisan du temps de Louis XIV, le neveu de Rameau, le révolutionnaire puritain, toutes ces attitudes existentielles étant mises en place à leur temps, à leur époque. Hegel, de par le principe même qu'il a adopté, ne peut réfuter aucune philosophie. De quel droit dirait-il qu'une philosophie n'est pas vraie ? De quel droit dirait-il qu'une attitude n'est pas légitime ? Il s'en tient à la situer dans son contexte. La philosophie de Platon a dit la vérité qu'elle pouvait dire étant donné le contexte, la cité grecque et tout l'entourage idéel, intellectuel, politique, affectif. Aristote a dépassé, d'une certaine manière, le platonisme, et lui aussi a dit la vérité. Ce qui serait illégitime, ce serait de se prétendre platonicien alors que se sont produites les révolutions copernico-galiléenne et newtonienne, par exemple. De même qu'il serait absurde de se prétendre moine ascétique ou seigneur féodal quand il n'y a plus le contexte approprié. C'est probablement la lecture de Cervantès qui a appris cela à Hegel. Don Quichotte n'est-il pas celui qui veut, à tout prix, vivre d'anciennes valeurs alors qu'un monde nouveau est apparu ?

Je terminerai cette trop brève présentation d'une pensée gigantesque par deux questions, deux questions importantes. Première remarque : il faut se méfier de l'hégélianisme, car, dans la mesure où il assigne un cours nécessaire au destin de l'humanité, il peut – et il a, hélas ! servi à – justifier des régimes de terreur comme étant des étapes nécessaires sur le chemin de la réussite. C'est, je crois, une remarque qu'il faut faire dès maintenant et sur laquelle nous reviendrons plus loin. La seconde remarque concerne l'État.

Le système hégélien est un système circulaire. On peut s'interroger sur la validité de *La Phénoménologie de l'esprit* : pourquoi Hegel s'arrête-t-il dans sa description ? La réponse hégélienne est que, si l'on nie la dernière étape, on est ramené à la première. On reprend, on tourne en rond. C'est bien la preuve que l'on a achevé de parcourir toutes les figures de l'esprit. Autre justification : l'État, tel que Hegel le connaît, est le commencement de la fin. C'est le moment où les hommes prennent connaissance du fait qu'ils doivent réaliser la raison et que l'État moderne doit advenir qui étendra à la planète tout entière ce modèle pour la première fois mis en place par Napoléon Bonaparte.

> Cette deuxième interrogation, je la formulerais ainsi : quel est donc cet État que Hegel considère comme réalisation de la raison ?

La question est d'autant plus importante qu'elle va être à l'origine, à la fois, de la réfutation de Hegel par Karl Marx et de la mise en question des prétentions de la philosophie de l'histoire, qui est le principe même de l'entreprise de critique radicale de Friedrich Nietzsche.

> Nous reviendrons sur cette question. Quelques précisions pour mieux comprendre ce qui s'est dit aujourd'hui. D'abord, la notion d'histoire. Vous dites que la philosophie de l'histoire commence avec Hegel et, pourtant, d'autres avant lui ont cette idée d'historicité.

Nous sommes aujourd'hui dans une civilisation qui est intégralement historique. Pour nous, l'histoire est constitutive de notre être. Non seulement nous l'apprenons à l'école, mais toute notre vie est fondée sur l'histoire. Vous postulez un emploi dans une entreprise, on vous demande un *curriculum vitae*, c'est-à-dire quelle est votre histoire. Or il n'en a pas toujours été ainsi. D'abord on repère qu'il y a des peuples sans histoire. Non pas au sens où ces peuples ne seraient pas devenus, mais au sens où ils ne gardent pas la mémoire. Pour des raisons matérielles : l'absence d'archives, d'écriture ; mais, même chez les peuples avec écriture, il peut y avoir un refus de l'historicité. On le retrouve jusqu'au XVIIe siècle. Par exemple, le disciple de Descartes, Nicolas Malebranche, considère que l'étude de l'histoire est mauvaise. Pour lui, l'histoire est toujours l'histoire de Satan, l'histoire du péché. Il préfère de loin la physique (au moins, en physique, il n'y a pas de mauvais exemples). La conscience de l'historicité est, dans notre civilisation, un fait assez tardif, et l'histoire comme discipline autonome prétendant à une certaine scientificité est un phénomène relativement nouveau. Cela date du XVIIIe, peut-être même du début du XIXe siècle. Je crois qu'effectivement c'est l'historiographie allemande qui s'efforce de construire l'histoire comme un récit fondé non seulement sur la vraisemblance, mais sur la vérité. Il faut bien en prendre conscience. Par ailleurs, la totalité du réel conçu comme se transformant fait l'originalité de la philosophie de l'histoire de type hégélien. Il n'y a pas d'être sans qu'il y ait de transformations. Alors que tout l'effort de la philosophie depuis Platon a été d'éliminer le devenir comme étant de l'inintelligible, de l'impensable. En effet, sur ce qui devient, on ne peut pas faire des énoncés stables. Si je dis : « Le ciel est bleu », à peine l'ai-je dit qu'un nuage est arrivé et l'a rendu gris. Aussi, dans la tradition de la philosophie spéculative, le devenir est un peu l'ennemi, celui qu'on s'efforce d'écarter. Même chez Descartes, il y a de la méfiance à l'égard de tout ce qui est lié au temps. Tout l'effort cartésien va consister à transformer le temps réel, ou le temps vécu, en un paramètre mathématique, c'est-à-dire à le projeter sur quelque chose d'omnitemporel, ni daté ni localisé. Au contraire, on peut dire que la pensée européenne, à partir du XXe siècle, va faire venir l'historicité sur le devant de la scène. On pourrait noter, par un retour en arrière, que des événements du même ordre se sont produits dans la civilisation grecque. Toute la civilisation grecque archaïque exhibe comme fondement des mythes d'un temps passé, mais on ne sait pas lequel. Puis les historiens vont surgir avec la constitution de la cité, pour dire : il y a un temps plus important que ce temps mythique d'un passé lointain non assignable, c'est le temps des batailles, le temps de la vie, de la mort, de la naissance, du mariage, du vote, le temps sensible. Il faut comprendre que l'historicité n'est pas un fait donné dans la nature humaine. Il y a des peuples qui n'en veulent pas. Comme on le dit parfois en jouant sur les mots, il faut se demander si les peuples sans histoire ne sont pas aussi des peuples sans histoires.

> J'ai compris que l'être est ce qui est et ne peut être rien d'autre que ce qui est. Mais l'être n'est pas concevable sans le néant, dites-vous, le néant non-existence de l'être, mais, dès que je prononce « néant », il est. Je suis bien ce discours de logique... formelle, disons. Mais, en tant qu'être vivant, mon expérience est toute différente : non pas être *et* ne pas être, mais être *ou* ne pas être.

Je dirais que l'on ne se situe pas au même niveau de l'être. Être ou ne pas être ? – question existentielle combien importante, pas seulement selon Shakespeare, mais aussi selon Kierkegaard, disciple hétérodoxe et critique très violent de Hegel. La question existentielle, c'est bien celle-là. Mais un hégélien répondrait qu'en fait elle renvoie encore à la question d'être et ne pas être. L'existence ne peut être comprise, rendue intelligible, que par la référence à la possibilité de la non-existence. Spinoza disait déjà cela quand il nous invitait à comprendre que toute définition est en même temps une négation. Qu'est-ce que définir, sinon dire ce qu'est une chose en montrant tout ce qu'elle n'est pas ? La bonne définition est toujours différentielle. Donc, toutes les fois que je pose l'être de quelque chose, je suis amené à distinguer ce quelque chose de tout ce qu'il n'est pas. Et, lorsque je me pose la question de la définition de l'être, je suis obligé de me référer à tout ce qui n'est pas, c'est-à-dire au néant.

> On comprend très bien que le jour n'a de sens que par la nuit, et réciproquement, que *oui* n'a de sens que par *non*, mais, lorsqu'il s'agit d'être et de ne pas être, c'est moins évident.

Et pourtant nous l'expérimentons constamment. Dès le moment où nous posons quelque chose, nous excluons ce que n'est pas ce quelque chose. C'est d'ailleurs souvent le drame. Le drame de l'affirmation. Affirmer, c'est nier. C'est le drame de Don Juan. Il affirme son amour et est soudain saisi par la terreur : Si j'affirme mon amour pour cette femme, je vais perdre toutes les autres. Il court après lui (là, je fais du Kierkegaard), il court après cette plénitude, mais il voudrait saisir l'insaisissable, car le statut de l'homme, c'est la finitude : ne pouvoir définir qu'en excluant.

> A, c'est A, et tout ce qui n'est pas A est non-A. C'est sûr. Le devenir, lié au choix, est toujours

dramatique. C'est par la violence que le moment devra laisser la place à l'étape suivante. Là s'instaure la dialectique telle qu'on la parle encore : la thèse, l'antithèse et ce que vous avez appelé le « dépassement », qu'on nomme plus fréquemment « synthèse ». Est-ce que le dépassement est inéluctable ? Est-ce que thèse et antithèse engendrent nécessairement le dépassement ?

Cette question me permet de préciser une chose que je n'ai pas encore dite : chez Hegel, la dialectique n'est jamais une méthode. Il l'affirme constamment, il répète qu'il n'y a d'autre méthode que le mouvement de la réalité même. Autrement dit, le discours doit épouser le mouvement de la pensée de l'être. Peut-être est-ce Marx – je n'en suis pas sûr – qui a fait de la dialectique une méthode. Pour Hegel, il est certain que ce n'en est pas une, que la seule méthode est la phénoménologie, la description du mouvement de la pensée dans l'être ou de la pensée de l'être. La synthèse n'est donc pas nécessairement dépassement. Il y a des antithèses qui bloquent ; plus exactement, des oppositions thèse/antithèse qui sont sans issue, dont il ne surgit rien. Dans les textes de Hegel, *La Philosophie de l'histoire* en particulier, le dépassement n'est pas du tout inscrit dans la nécessité. Bref, il y a des impasses de l'histoire. J'ai été très longtemps hégélien, je ne le suis plus, précisément pour les raisons que vous indiquiez tout à l'heure, à savoir qu'avec l'hégélianisme on peut justifier toute espèce de violence en disant que c'est une étape nécessaire sur le chemin de la vérité et de la liberté. Je ne marche plus. Je suis maintenant tout à fait attaché à une philosophie de l'histoire de la contingence et non pas de la nécessité, à savoir que l'homme peut toujours se libérer de la violence pourvu qu'il le veuille vraiment.

Encore une précision : le vrai absolu, c'est le savoir absolu, le tout de la connaissance humaine. A mon avis, Hegel devient là tout à fait métaphysicien. Par ailleurs, tout ce qui a été dit avant lui est relatif puisque dépassé, mais lui semble se poser comme indépassable. Alors, de même qu'il y a la folie des grandeurs, n'y aurait-il pas aussi une folie de la sagesse ?

Une folie du savoir, pas de la sagesse. Je crois que Hegel est un cas caractéristique de cette folie du savoir. Il était convaincu non de ses mérites personnels, mais qu'il venait à temps, dans le temps voulu et à la place voulue. Il était ainsi capable non pas de tout savoir – ce qui ne veut rien dire –, mais de savoir l'essentiel. Il se voyait correspondre à cette définition du sage (au sens de qui sait le savoir) que donnaient les stoïciens, capable de répondre à toute question qu'on lui posait, en tout cas capable d'indiquer comment on peut soi-même répondre à toute question. Il y a de la naïveté chez ces grands penseurs. Alors qu'il achevait *La Phénoménologie de l'esprit*, à Iéna, en 1806, de sa fenêtre il vit passer Napoléon Bonaparte qui traversait la ville avec son état-major. Le lendemain, il écrivit à un de ses amis : « Hier, un grand événement m'est arrivé : j'ai vu passer l'esprit à cheval. » Formule étonnante ! L'esprit du monde incarné dans ce petit bonhomme grimpé sur un cheval. Voilà une des formes de cette naïveté du savoir.

Tout de même, il y a quelque légitimité dans cette folie hégélienne. Hegel s'est rendu compte que la civilisation occidentale était à un tournant et que le fameux pari platonicien – choisir l'hypothèse des Idées ou la violence – réapparaissait. Hegel se dit alors qu'il est temps que les philosophes renoncent à la spéculation, qu'ils s'occupent du gouvernement, de l'État. Sinon, ce sont ces hobereaux, ces crétins prussiens ou ces imbéciles de France qui ont succédé à Napoléon et qui ne valent rien, ce sont eux qui gouverneront. Dès lors, le philosophe doit renoncer à ses ambitions spéculatives et – pardonnez l'expression populaire – se coltiner avec la tâche de rendre la raison présente dans ce monde-ci. Un contemporain a suivi le conseil hégélien : Alexandre Kojève, après la Seconde Guerre mondiale, s'est fait économiste pour essayer d'organiser un peu mieux, selon les règles de la raison philosophique, la réalité mondiale. J'avoue que, pour ma part, j'ai la plus grande méfiance à l'égard d'un tel projet, mais il existe.

> En effet. Si celui qui en a fini avec la métaphysique écrit aussi la fin de l'histoire, que nous reste-t-il ?

Il n'y a plus de place pour l'invention en philosophie, plus de place pour l'invention en aucun domaine. On ne peut rien d'autre que réaliser. Il nous faut alors devenir – pour employer l'expression de Husserl – « fonctionnaire de l'humanité ».

Machine rotative de Watt. (Photo Roger Viollet.)

7. Raison et société

En même temps que l'histoire, les sociétés avec leurs drames s'imposent comme réalités à la référence philosophique. Hegel proposait la solution d'un État rationnel capable, dans son état final, c'est-à-dire mondial, de permettre à chacun de réaliser sa liberté. Mais Marx et Engels montrent que l'État, loin d'être la solution au conflit le plus grave – le conflit le plus grave étant la lutte des classes –, n'en est que la résultante. Nietzsche, de son côté, va radicaliser bien davantage la question en mettant en accusation la raison elle-même. C'est donc de cette confrontation entre raison et société qu'il faut parler maintenant. La pensée hégélienne, gigantesque dans son effort pour constituer la philosophie en savoir absolu, achever la métaphysique et réaliser le projet platonicien, dit aux hommes : Il ne faut plus philosopher ; nous savons. Maintenant, il faut appliquer le savoir.

Ce savoir absolu, exprimé en 1816 dans *La Science de la logique*, reçoit des applications. C'est une explication générale des œuvres de l'humanité, par exemple, une histoire de la philosophie qui est, en fait, une philosophie de l'histoire de la philosophie. C'est une histoire des sciences qui s'appelle « philosophie de la nature », une histoire, ou une philosophie de l'histoire des religions, une philosophie de l'art, la fameuse esthétique de Hegel, qui a eu une telle influence jusqu'à nos jours... Mais, parmi toutes ces applications, il en est une que je voudrais souligner, c'est la philosophie de l'État. J'ai essayé de montrer qu'une des raisons que Hegel donne de la légitimité de son système est d'affirmer que, désormais, le savoir absolu est réalisable, que le temps s'y prête. Dès *La Phénoménologie de l'esprit* (1806), il explique que l'histoire de l'humanité a connu, avec la Révolution française et l'Empire, une inflexion décisive. Hegel dit : L'État moderne est né et, parce qu'il est apparu, je suis capable de penser la totalité de l'histoire. Le fait que je sois penseur de l'État moderne – plus précisément, le fait que je sois penseur de et dans l'État moderne – me permet, en même temps, d'avoir une vue d'ensemble qui rend intelligibles les divers progrès et les divers drames par lesquels l'humanité est passée avant d'accéder à cette nouveauté radicale.

> C'est ce que vous sous-entendez en disant que Hegel se situe au commencement de la fin de l'histoire. Mais quel est cet État dont il parle ? Cet État dont il dit qu'il constitue un aboutissement, par rapport aux autres formations historiques qui ont précédé – cité grecque, empire barbare ou royaume féodal ? Quelle est la spécificité de cet État moderne ?

Hegel, en 1821, consacre une publication à l'analyse de l'État. C'est d'ailleurs la seule qu'il ait pris soin d'éditer lui-même. Ses autres œuvres, *La Philosophie de la religion*, *La Philosophie de l'art*, sont tirées, après sa mort, de notes de cours prises par ses disciples les plus chers et par son fils. *La Philosophie de l'État* est publiée et corrigée par lui-même ; cela montre l'importance qu'il lui accordait. Elle nous permet de comprendre non seulement la pensée de Hegel, mais de saisir ce qui va se passer par la suite. Car il semble que le point de départ de la pensée de Marx soit, précisément, la critique de cette *Philosophie de l'État*.

A l'origine de la réflexion qui va donner le marxisme, il y aurait cet effort pour mettre en question l'œuvre qui se voulait définitive. Quel aspect de la pensée de Hegel est visé ?

Il faut d'abord se resituer dans son optique d'ensemble, définie dans *La Phénoménologie de l'esprit* (1806) et dans *La Science de la logique* (1816). Hegel prend lui-même la peine de nous rappeler dans une préface que cette *Philosophie de l'État* ne doit pas être séparée de l'ensemble du système. Et il rappelle en particulier cette formule fameuse qui a été souvent mal interprétée : « Le réel est rationnel et le rationnel est réel. » Rappelons que cela signifie que l'histoire de l'humanité tout entière, pour peu qu'on y prête attention et que l'on réussisse à forger les concepts nécessaires, peut être comprise comme fondamentalement rationnelle. L'histoire, c'est le développement de ce que Hegel appelle « esprit » (en allemand, *Geist*), que nous appellerions plutôt aujourd'hui « culture », au sens où nos ethnologues opposent nature et culture. Du fond de l'histoire de l'humanité, une raison immanente se développe. Alors, ce qui est vraiment réel dans le passé de l'humanité, c'est ce qui peut être élevé au rang de concept, ce qui peut être pensé. Les hommes ont accompli des actes multiples, il y a eu des événements. Mais qu'appelle-t-on « événement » ? Ce qui compte, ce qui a eu de l'effet ou une signification. Affirmer que le réel est rationnel, c'est dire : devant la masse d'informations prodigieuse que nous avons concernant le passé de l'humanité, nous sommes obligés d'opérer une sélection, sélection opérée grâce à l'outil conceptuel et à la recherche d'intelligibilité, et qui écarte les événements sans importance pour ne laisser subsister comme événements réels que les seuls qui comptent, ceux-là qui entrent dans le concept. Cette formule, donc : « Le réel est rationnel », est simplement l'affirmation qu'il y a une intelligibilité profonde de l'histoire de l'humanité.

> C'est le postulat à la racine de toute recherche historienne qui se veut autre chose que pure et simple description ou pure et simple anecdote. Et quant à l'autre formule, alors ?

« Le rationnel est réel » – la réciproque – signifie que, dès le moment où un événement s'impose avec une force suffisante, comme cause d'autres événements, nous ne pouvons l'écarter. Il nous faut tenter d'en rendre raison. Pour cela, nous dit Hegel, reprenant une phrase de sa jeunesse, il nous faut forger des concepts inconcevables, c'est-à-dire inventer des concepts nouveaux. C'est là, essentiellement, la fonction de la dialectique. L'histoire de l'humanité est guidée par une raison immanente – je précise bien, *immanente* : rien à voir avec la Providence divine, extérieure à l'histoire. On retrouve ici l'idée que chaque peuple intervient dans l'histoire, à son tour, pour réaliser dramatiquement, dans des circonstances en général sanglantes et douloureuses, une certaine figure de l'esprit qui dépose certains résultats, résultats qui seront repris, niés et développés par la figure ultérieure. La philosophie de l'histoire hégélienne, c'est l'analyse de la fonction ou du rôle assumés par chaque peuple dans son apparition historique, donc à sa place et en son temps. Hegel appelle *Geistlichkeit* cet état d'esprit d'un peuple – on peut traduire par l'« éthique » d'un peuple, ou l'« éthicité »... enfin les mœurs, l'ensemble des mœurs. Ce qui caractérise une *Geistlichkeit* particulière d'un peuple, ce sont les actions menées, les actes historiques, mais aussi les institutions politiques inventées à travers cette lutte contre d'autres peuples, et encore ces formes culturelles que sont, pour Hegel, la religion, l'art et la philosophie (dans l'art étant, bien sûr, incluse la production littéraire). Voilà le nerf de l'hégélianisme : une assomption complète de l'historicité. Aujourd'hui est un produit de l'histoire, la philosophie hégélienne étant elle-même compréhension du présent et du passé de l'humanité.

> Ceci est donc rappelé dans la préface aux *Principes de la philosophie du droit*. Hegel nous signale aussi, dès cette préface à sa théorie de l'État, que les peuples n'ont pas attendu les philosophes pour se gouverner.

C'est une attaque contre toutes les prétentions des philosophes passés à régenter de l'extérieur la vie de l'humanité. Selon Hegel, pour qu'un philosophe puisse saisir un moment de l'histoire, il faut que ce moment se soit déjà en partie écoulé. Il faut que l'histoire ait déjà inscrit la réalité dans les faits pour que le philosophe puisse construire le discours qui va rendre intelligible cette séquence d'événements. Il se moque, en particulier, de tous les utopistes qui ont imaginé de bonnes cités sans se rendre compte qu'ils ne pouvaient imaginer qu'à partir du réel. Par exemple, la fameuse cité idéale de Platon n'est pas une invention platonicienne, mais simplement la vérité de la cité grecque à l'époque de la cité grecque, et rien de plus. Hegel se propose donc de décrire non pas comment l'État doit être – c'est toujours absurde de vouloir donner des leçons à la réalité –, mais comment il est.

> On peut se poser la question de savoir quel intérêt peut avoir un ouvrage qui se contente de décrire ce qui est.

Pour Hegel, il est immense. Ce n'est pas parce que quelque chose est que les hommes connaissent ce qui est comme cela est. En général, les hommes ne sont pas à la hauteur de leur histoire. Tel a été, je l'ai déjà signalé, Napoléon Bonaparte.

A. Kojève, *Introduction à la lecture de Hegel*, Gallimard, p. 41.

(Il est clair que cette « lecture » de Hegel a profondément marqué F. Châtelet ; voici comment A. Kojève interprète le dernier chapitre de La Phénoménologie de l'esprit.*)*
Chap. VIII : Napoléon achève l'histoire, Hegel en prend conscience, c'est le « Savoir absolu », qui ne devra plus être modifié ni complété, puisqu'il n'y aura plus rien de nouveau dans le Monde. Ce savoir décrit donc la *totalité* du réel : c'est la VÉRITÉ, totale et définitive (« éternelle »). [...] Cette prise de conscience est la Phénoménologie, qui introduit ainsi l'homme dans la « Science » (= philosophie = Savoir absolu). Le chapitre VIII, représentant le Savoir absolu *dans* la Phénoménologie, ne peut donc être que le résumé des chapitres qui précèdent. A la fin du résumé, un « dépassement » ramène au point de départ (chap. I) : cette circularité démontre la totalité, c'est-à-dire la vérité, de l'ensemble.

Ce héros grandiose a accompli des actes éminents, mais il n'a pas su ce qu'il faisait. Hegel intervient pour expliquer ce que l'histoire elle-même produit. Le grand philosophe de Berlin, écouté par les étudiants – à partir de 1820, il est célèbre : ses livres sont lus, ses cours sont courus, on commente ses moindres formules –, se donne pour but de faire comprendre aux hommes de son temps non comment l'État doit être, mais comment l'État qui est doit être connu. Il constate que les gouvernements de son temps sont inadéquats, qu'ils ne savent pas utiliser comme il conviendrait l'instrument qu'ils ont à leur disposition. Cette description hégélienne n'apporte pas grand-chose de nouveau, sinon qu'elle coordonne ce qui a déjà été pensé fragmentairement par d'autres. Par exemple, Hegel reprend une grande partie de la philosophie politique de John Locke à propos de l'État moderne. En ce qui concerne la société civile – nous verrons tout à l'heure le sens de ces divers termes –, il s'inscrit dans le cadre de l'économie politique classique telle qu'elle a été fondée par Adam Smith et approfondie par Ricardo.

> Il s'agit donc d'une synthèse, mais d'une synthèse « dépassante ». Le nouveau, c'est le dépassement : une théorie au sens strict de l'État.

Pour comprendre ce qu'est l'État, il faut partir de la cellule sociale normale constitutive des sociétés humaines : la famille. Hegel définit la famille par le patrimoine : les enfants et les propriétés. Il tient – c'est un reproche que lui fera Marx – que la propriété privée est un élément normal de la société. Par conséquent, il est tout à fait légitime qu'existe un droit privé garantissant, comme le voulait John Locke, la propriété. Hegel, qui n'est pas du tout un utopiste, un rêveur, un idéaliste, contrairement à ce qu'on dit, pense que la réalité sociale s'impose à nous, classiquement, sous la forme du droit privé, qui régit la possession des enfants et des biens. Il serait intéressant de relire Balzac à la lumière de l'analyse hégélienne. On verrait que deux hommes aussi différents – Hegel, bourgeois libéral, et Balzac, se disant réactionnaire légitimiste – ont une position analogue en ce qui concerne la société. Mais – Hegel suit en cela la leçon d'Aristote et celle de l'économie politique classique – les hommes ne se contentent pas d'avoir cette relation de sang, ils travaillent. Ils produisent, ils consomment. Dès ce moment, ils entrent dans le domaine économique, ils forment un système. Toute activité de production – celle d'une manufacture ou d'un artisan – entre nécessairement dans un contexte de distribution et de consommation en relation avec tous les autres types de production. Cet ensemble, ce système de la production-distribution-consommation, Hegel propose qu'on l'appelle « société civile ». Je rappelle qu'en allemand l'expression qui dit « société civile » peut être traduite aussi par « société bourgeoise ». Marx, d'ailleurs, dans sa critique, jouera de cette équivoque. Or, disciple de l'économie politique classique, Hegel insiste sur le fait que la société civile est, par définition, traversée de contradictions irrémédiables, irrécusables. Il n'y a pas de synthèse possible. Ces contradictions restent, mais elles sont fructueuses. La contradiction majeure de la société civile, c'est la rivalité, le conflit pour le profit. Il est entièrement d'accord sur ce point avec Adam Smith et avec Ricardo. Le profit fait marcher la société civile. Grâce au profit, les hommes se lancent dans des entreprises et font progresser l'humanité.

Comment repérer ces contradictions ? A plusieurs niveaux. D'abord, les contradictions des individus à l'intérieur d'une même profession, rivalités professionnelles que nous connaissons bien. Puis les conflits de profession à profession, entre la ville et la campagne, entre le profit industriel et la rente foncière, nous dira plus tard Marx. Il y a enfin les conflits entre ce que Hegel appelle la « plèbe » et la « richesse » – il n'a pas encore de mots pour désigner cela, il reprend le vocabulaire archaïque. Cela deviendra l'opposition entre la bourgeoisie, possédant les moyens de production, et le prolétariat, qui n'a pour seule ressource que de vendre sa force de travail. Hegel est ainsi l'inventeur de la paupérisation absolue, qui n'est probablement pas chez Marx, mais bien chez Hegel : les riches deviennent toujours plus riches et moins nombreux, et les pauvres deviennent toujours plus pauvres et plus nombreux. J'insiste : ces contradictions sont irrémédiables. On ne peut pas les dépasser. Et elles sont fructueuses.

> Elles sont peut-être irrémédiables et fructueuses, mais non sans danger pour la collectivité. Elles risquent de devenir insupportables pour le plus grand nombre et de désarticuler la société.

Alors, la société civile s'efforce d'inventer des solutions pour éviter que ces contradictions ne compromettent l'unité du corps social. Et Hegel montre que les guerres internationales sont destinées à écouler des produits sans avoir à les vendre. C'est la consumation guerrière. Comme dit le mauvais adage : « Le seul moyen de donner quelque chose à quelqu'un sans le lui faire payer, c'est de le lui envoyer sous la forme d'obus. » Mais aussi Hegel découvre, ce qui est original (le texte est de 1821), la fonction de la colonisation. La colonisation est un moyen de remédier aux conflits de la société civile en ouvrant d'autres marchés ou en découvrant d'autres sources de matières premières. Mais, malgré les guerres internationales, malgré la colonisation, la société civile est toujours dangereuse. Alors, que faut-il ? Il faut passer à un stade supérieur. Premier stade : la famille et la propriété avec le droit privé. Deuxième stade : l'économie, la société civile. Troisième stade, proprement politique : l'État. Comment l'État doit-il être connu ? En général, on fait beaucoup d'erreurs concernant la position politique de Hegel. On le traite d'étatiste, d'absolutiste réactionnaire. C'est faux, et nous avons sur ce point un témoignage important : celui de Marx, qui pensait que Hegel était un bourgeois libéral, semblable à ce que sera, un peu plus tard, Alexis de Tocqueville en France. Ces hommes étaient soucieux de l'État, de l'ordre, sans aucun doute des conservateurs, mais des conservateurs comprenant que, si les dominants ne lâchaient pas du lest, la société s'acheminerait vers des convulsions effroyables. Pour employer le vocabulaire actuel, Hegel aurait été un homme du centre : ni centre droit ni centre gauche, centre centre. Ce qui, dans la Prusse absolutiste d'alors, était une forme de courage. Les deux derniers articles que Hegel a écrits ont été censurés par la police prussienne. Nous en avons heureusement retrouvé les manuscrits et ils ont été récemment publiés en langue française.

> Comment ce bourgeois libéral conçoit-il l'État de son temps ?

Ce qui le caractérise, c'est la souveraineté. Il est l'absolu sur cette Terre. Rien ne peut être mis au-dessus de lui. Il incarne la volonté de la collectivité tout entière. L'État est la raison en actes. Qu'est-ce que cela veut dire ? Pour que l'État soit vraiment l'absolu, pour qu'il représente effectivement la volonté de la collectivité, il faut opérer une profonde transformation de ceux qui incarnent la souveraineté étatique, c'est-à-dire les gouvernants. Jusqu'ici, selon les régimes, les gouvernants se sont imposés soit par la force, soit par leur pouvoir économique, soit par leur capacité à séduire le peuple et à recueillir les suffrages. Hegel dit que l'État moderne est caractérisé par le fait qu'on a pratiquement compris (lui étant chargé d'en faire la théorie) qu'à la tête de l'État doivent figurer des hommes compétents, des hommes formés à l'éducation rationnelle. En somme, Hegel reprend l'idée platonicienne des philosophes-rois, mais en la modernisant profondément. L'État moderne est construit comme il convient – cela apparaît déjà dans certains de ses aspects, insuffisamment développés : les fonctionnaires sont recrutés par voie de concours, en fonction de leurs compétences.

> Et donc, au sommet, un individu empirique qui incarne la souveraineté. Il faut bien que la souveraineté ait une représentation physique, ne serait-ce que pour apposer le sceau de la collectivité ou pour donner la signature.

Hegel pense qu'à cet égard la monarchie institutionnelle n'est pas plus mauvaise qu'un autre régime. Il se rallie à cette solution. A ses yeux, cela n'a pas grande importance puisqu'il s'agit, pour celui qui incarne la souveraineté, de figurer ce qu'elle est, mais le gouvernement effectif doit être assuré par des gens compétents. En somme, il est l'inventeur de la bureaucratie technocratique, à ce détail près que, pour lui, la raison est la grande raison classique. Ce n'est pas encore, comme dans nos États contemporains, la rationalité scientifique ou à prétention scientifique. L'État hégélien apparaît donc comme une pyramide : à la base, la famille ; au milieu, le système économique ; au-dessus, la hiérarchie des fonctionnaires recrutés en fonction de leurs connaissances et chargés de gérer l'intérêt général. Hegel prévoit qu'entre les fonctionnaires et les représentants des intérêts particuliers auront lieu des discussions à l'intérieur d'organismes spécialisés, discussions destinées à apparier l'intérêt universel – que les fonctionnaires connaissent – et les intérêts privés légitimes. Deux très bons esprits contemporains comme Alexandre Kojève et Éric Weil ont considéré que la description de l'État moderne faite, en 1821, par Hegel était valable pour nos États actuels. Je laisse à chacun le soin d'y réfléchir. Pour ma part, je ne suis pas loin d'être convaincu de la validité de cette affirmation. En tout cas, cette forme de l'État est bien celle qui règne quels que soient les régimes – qu'ils se disent libéraux ou socialistes.

> Or il se trouve que ce texte fondamental de Hegel va être l'élément déclencheur de la réflexion de Marx.

Ayant achevé ses études de droit, le jeune Marx appartient à ces milieux que l'on dit « hégéliens de gauche », qui, à Berlin, estiment que le nouveau souverain, Frédéric-Guillaume IV, monté sur le trône de Prusse en 1840, ne tient absolument pas les promesses qu'il avait faites – il a maintenu un pouvoir aussi autocratique que celui de Saint-Pétersbourg. Ces jeunes gens développent donc une critique acerbe de l'État prussien, ce qui leur vaut, d'ailleurs, d'être poursuivis par la police et sans arrêt censurés. Cependant, Marx se distingue bien vite de ses amis hégéliens de gauche. Ceux-ci considéraient le modèle proposé par Hegel comme progressiste. Toute leur activité critique consistait à chanter les louanges de Hegel contre ce gouvernement prussien. Or Marx, sans doute meilleur lecteur de Hegel, se rappelle que celui-ci n'a jamais voulu que son système fût considéré comme un modèle. Il a toujours dit qu'il décrivait ce qui est. Or, les hégéliens de gauche disent que ce modèle est vrai en théorie, mais faux en pratique, et que c'est une faute de l'histoire. Marx, qui est plus hégélien qu'eux, déclare que l'histoire ne peut pas avoir tort et que, si le système hégélien est historiquement faux, s'il est faux en pratique, c'est qu'il doit être faux en théorie. Il relit attentivement Hegel, non seulement pour dénoncer les inconséquences logiques, mais aussi pour confronter le discours hégélien à la réalité politique de son temps. Sans entrer dans les détails, le jeune Marx découvre que l'État n'est, en aucune manière, un arbitre au-dessus de la société civile, ayant pour mission d'en préserver l'unité. En fait, cet État est un produit de la société civile. Cette idée est au fondement de sa pensée. Les multiples recherches qu'il commence à faire avec son tout récent ami Engels lui montrent que les grands États européens sont dirigés non par un souverain planant au-dessus de la réalité, mais par des gouvernements qui, peu ou prou, sont liés avec les classes qui dominent économiquement, les classes bourgeoises qui possèdent des moyens de

Marx et Engels, *L'Idéologie allemande*, Éditions sociales, p. 45 (passage biffé dans le manuscrit).

Nous ne connaissons qu'une seule science, celle de l'histoire. L'histoire peut être examinée sous deux aspects. On peut la scinder en histoire de la nature et histoire des hommes. Les deux aspects cependant ne sont pas séparables ; aussi longtemps qu'existent des hommes, leur histoire et celle de la nature se conditionnent réciproquement. L'histoire de la nature, ce qu'on désigne par science de la nature, ne nous intéresse pas ici ; par contre il nous faudra nous occuper en détail de l'histoire des hommes : en effet presque toute l'idéologie ou bien se réduit à une conception fausse de cette histoire, ou bien aboutit à en faire totalement abstraction. L'idéologie elle-même n'est qu'un des aspects de cette histoire.

production. Cette nouvelle évidence s'impose à Marx et à Engels. Elle est à l'origine de cette fameuse formulation, au début de *L'Idéologie allemande* – un autre texte de jeunesse de Marx, paru deux ans après *La Critique de la philosophie du droit* de Hegel –, selon laquelle il n'y a qu'une seule science : la science de l'histoire.

Marx et Engels décident alors de se livrer à des analyses historiennes précises, de se documenter non seulement sur la politique au sommet, mais aussi et surtout sur les activités de la classe ouvrière en lutte, dans le cadre économique, contre ceux qui l'exploitent. Peu à peu se forge ce qui va être leur instrument de recherche et qu'ils appelleront ultérieurement le « matérialisme historique ».

> Le matérialisme historique, au départ, n'est pas du tout une philosophie, mais un instrument de lutte.

Oui. Marx et Engels multiplient les recherches concernant les luttes, les combats de la classe ouvrière. Ils font un voyage à Paris, au cours duquel ils prennent contact avec les groupes révolutionnaires. Expulsés de Paris par la police, ils s'installent à Bruxelles, où ils ouvrent les bureaux d'information communiste, une sorte de plaque tournante destinée à centraliser toutes les interventions ouvrières dans les luttes sociales. Ils se veulent la boîte aux lettres des exploités.

> Le marxisme, par la suite, va se constituer en corps doctrinal. Que se passe-t-il dans la pensée de Marx ?

Il ne faut pas dissocier l'œuvre de Marx et celle d'Engels, même lorsque nous constatons des différences assez sensibles. Marx est plus subtil, plus spéculatif.

Engels, lui, se charge davantage du travail d'expression et de vulgarisation – de propagande, pourrait-on dire. Marx n'ayant jamais démenti Engels, nous devons considérer que leur pensée est commune. C'est une pensée, à mon avis, foncièrement équivoque, déchirée profondément entre deux directions. Je ne crois pas que l'on puisse distinguer une période de gestation, de formation du jeune Marx, qui durerait jusqu'en 1857, puis une autre, où Marx, débarrassé de certaines erreurs, aurait la maîtrise de sa pensée. Je crois que cette tension dure jusqu'en 1883, jusqu'à sa mort. Ce que l'on appelle aujourd'hui « marxisme » est probablement le rejeton de la partie la plus caduque, la moins originale de la pensée de ces deux hommes.

Est-ce qu'on peut préciser cette équivocité ?

Lorsque *L'Idéologie allemande* déclare qu'il n'y a qu'une seule science, la science de l'histoire, en même temps elle veut dire qu'il n'y a qu'un seul présupposé : l'homme empirique.

Qu'est-ce que cela veut dire ?

Cela veut dire que ceux qui comptent dans l'histoire sont essentiellement ceux qui produisent et/ou reproduisent, de la même manière ou en les transformant, les sociétés. Ceux qui font l'histoire ne sont pas les héros, mais bien les travailleurs, ceux qui sont en contact avec la nature, qui la transforment pour l'appropriation sociale. L'économisme de Marx et d'Engels est un économisme pratique. Ce n'est pas de l'économie politique, c'est une juste considération de l'importance du travail dans la réalité sociale. Dans *L'Idéologie allemande*, on va essayer de construire une histoire qui soit effectivement celle des sociétés et non pas seulement l'histoire de l'État. On va s'efforcer, pour le présent et, toutes les fois que cela est possible, pour le passé, de restituer le mouvement réel par lequel les sociétés se sont construites et, ainsi, montrer que les actes des gouvernements ne sont, en fait, que l'expression d'une lutte profonde traversant toutes les réalités sociales : la lutte des classes. Cette première direction de la pensée de Marx me paraît irremplaçable, bien qu'elle ait été malheureusement recouverte par des sédiments d'un autre ordre. Ce qui durera jusqu'à sa mort et me paraît, aujourd'hui encore, étonnamment nouveau et important, c'est la parole enfin donnée à ceux qui ne l'ont jamais et qui pourtant font l'histoire ; c'est l'affirmation que les producteurs de la société ont eu à lutter constamment non seulement contre la nature, mais aussi contre les gouvernants qui leur imposaient cette domination politique.

> En somme, l'apport de Marx réside en ce qu'il dresse la science de l'histoire qu'il veut construire contre la philosophie de l'histoire, qui, elle, préjuge qu'il y a déjà de la rationalité.

Il reste encore largement tributaire de son temps ! En fait, Marx et Engels – ont-ils été poussés par les luttes politiques qu'ils menaient ? ont-ils manqué là quelque chose d'essentiel ? – ont réitéré l'entreprise hégélienne en tentant d'en donner une version matérialiste, et d'un matérialisme très simple, ce qu'on a appelé l'« économisme » marxiste. Mais il faut aller plus loin, je crois. Marx et Engels, quoique étonnamment sensibles aux actions de libération des hommes, ont habillé leur découverte du vieux schéma de la nécessité historique tel qu'il était légué par la philosophie de l'histoire, aussi bien celle de saint Augustin que celle de Hegel. Et, peu à peu, le système s'est dogmatisé, durci. Par exemple, probablement sous l'inspiration d'Engels, de cette recherche essentiellement critique visant à soutenir les mouvements révolutionnaires, on tire une conception générale du monde sous le nom de « matérialisme dialectique ». Engels applique aux sciences de son temps une dialectique de la nature dont il faut bien dire qu'il ne reste pas grand-chose, et ce que nous connaissons aujourd'hui sous le nom de « marxisme », c'est le développement unilatéral de cet aspect, qui finit par négliger ce qu'il y avait de profondément novateur. En fait, cette première pente de la pensée de Marx et d'Engels vise à administrer la réussite de l'hégélianisme et, en même temps, le triomphe de l'État moderne, c'est-à-dire de l'État bourgeois. Marx et Engels décident de passer de l'autre côté. Dans la lutte des classes, ils choisissent l'autre camp, le camp de l'histoire contre celui de la philosophie de l'histoire - c'est l'aspect théorique –, ils choisissent le camp de la lutte prolétarienne contre la bourgeoisie. Par conséquent, ils critiquent l'État pour l'instauration d'une société des producteurs et combattent la gestion de la société existante par l'économie politique au profit d'une théorie de la révolution.

Hegel est mort en 1831. Les premières œuvres de Marx se situent entre 1842 et 1848, date de publication du *Manifeste du Parti communiste.* Marx publie *Le Capital* après les années 1860, et meurt en 1883. De son œuvre sortent des mouvements qui s'acheminent, pour les uns, vers la critique révolutionnaire, pour les autres vers la lutte parlementaire et la lutte syndicale. Marx, à l'examen du premier aspect de sa pensée, semble clore la métaphysique autrement que Hegel, non par un vaste discours légitimant, qui rationalise ce qui est, mais en essayant de créer une autre réalité. Il reste pourtant, par ailleurs, le continuateur de ce même mouvement. Il n'est pas surprenant que se réclament de lui des États qui ressortissent à l'analyse hégélienne. Reste bel et bien en question, dans les rapports de la raison et du dynamisme de la société, le statut de la rationalité. Or, en 1844, naît un homme qui va se livrer à une entreprise critique d'une radicalité bouleversante. Cet homme, c'est Friedrich Nietzsche. C'est un philologue de formation. Son premier livre, *L'Origine de la tragédie*, étudie la formation de la pensée grecque, mais, déjà dans ce premier ouvrage, apparaît une vision tout à fait différente de cette rationalité. Alors que, peu à peu, ce qu'il y avait de novateur dans l'entreprise de Marx s'étiole, et donne lieu à des développements bureaucratiques de plus en plus lourds, cet homme réfléchit sur le nihilisme des temps modernes. Ses disciples ont été multiples et contradictoires. Il est vrai que sa pensée est foisonnante, qu'elle procède de manière si poétique qu'elle est susceptible d'interprétations multiformes.

Ainsi, lorsque l'on réfléchit au statut de la pensée philosophique en notre temps, on voit un achèvement de la métaphysique – c'est Hegel –, une critique de cet achèvement ouvrant sur des perspectives pratiques – l'entreprise du jeune Marx – et une mise en question dirimante des prétentions à la raison, mise en question effrayante du projet platonicien – l'œuvre de Nietzsche.

Avant de développer l'œuvre de Nietzsche, je voudrais revenir à Hegel à propos de l'État. Bien sûr, on peut admettre que l'État, tel qu'il est défini par Hegel, est un État moderne, en tout cas moderne à l'époque de Hegel. Ce que j'ai du mal à concevoir, c'est qu'on puisse le poser comme indépassable.

Il y a énormément de publications consacrées à l'État et à sa mise en question. Selon Hegel, l'État est à la fois la fin, au sens moral du terme – la finalité –, et le moyen de la réalisation de l'humanité. C'est en ce sens que Hegel se distingue de Kant. Pour Kant, nous l'avons vu, la réalisation de l'absolu est l'affaire de l'individu. L'individu peut se promouvoir comme un absolu dans la mesure où il accomplit un acte moral.

Il peut choisir d'être libre.

Voilà. A cela, Hegel rétorque que l'homme ne peut se réaliser que dans et par la collectivité. L'État fin de l'histoire – dans le double sens de finalité et de moment dernier – veut dire qu'une organisation rationnelle de la société doit permettre à chacun de se réaliser pleinement. Hegel est tellement conscient que cela n'apporte pas nécessairement le bonheur qu'il ajoute que les gens pourront rester malheureux s'ils le veulent mais qu'il faut, au moins, que la possibilité leur soit donnée de ne pas être malheureux. Il pense que nous sommes seulement au commencement de la fin de l'histoire. Pour lui, la fin de l'histoire, c'est l'avènement de l'État mondial, jour où toutes les luttes internationales seront achevées et où un pouvoir central régnera sur la planète tout entière. Ce pouvoir central sera rationnel – Hegel ne l'imagine pas autrement. Il prévoit des guerres mondiales atroces pour en arriver là, toujours en vertu de sa dialectique, qui veut que l'on souffre pour atteindre à la perfection. Alors le citoyen de cet État pourra, s'il le veut, être libre ou choisir d'être malheureux, en amour par exemple.

C'est ce qui lui fait dire que cette structure est la raison en actes, en actes possibles, en tout cas.

Moi, j'entends quelque chose qui ressemble à la Bible : cette fin de l'histoire me rappelle le Jugement dernier, quand tout sera accompli... N'est-ce pas métaphysique, cela ?

Je suis d'accord avec vous. Je pense que la philosophie de l'histoire est toujours chrétienne. C'est pour cela que j'ai salué Marx, constructeur d'une science de l'histoire contre la philosophie de l'histoire, comme un penseur original qui essaie de rompre avec une tradition datant du IVe siècle de notre ère et définie par saint Augustin dans *La Cité de Dieu*. Effectivement, l'État mondial, selon Hegel, l'État de la transparence absolue où chacun pourra être libre ou non, s'il le souhaite, est très exactement la fin des temps selon l'Apocalypse de saint Jean. C'est bien la même chose.

Et le caractère dramatique des apports historiques, immanquablement dramatique, pourquoi ?

Parce qu'il faut lutter, souffrir pour conquérir – les chrétiens disent son salut, Hegel dit sa liberté et sa raison –, puisque liberté et raison vont toujours de pair. C'est ce qui rend caduc, malgré son incontestable splendeur, le système hégélien. Et je suis particulièrement triste de voir que, après leur tentative d'en sortir, Marx et Engels, finalement, y retombent. Triste aussi de constater que le marxisme actuel, qui continue de nous promettre des lendemains qui chantent, travaille encore avec ces catégories qui ne sont que de la philosophie de l'histoire chrétienne laïcisée, tout simplement.

Justement. Pour le marxisme, une seule science, la science de l'histoire, et un seul présupposé,

> l'homme empirique producteur et/ou reproducteur de la société : ce sont des termes qu'on entend, mais je ne suis pas certain qu'on en connaisse le sens juste.

Marx parle peu de la reproduction naturelle de la société. Pour lui, le fait que les hommes et les femmes fassent des enfants qui vont à leur tour devenir des hommes et des femmes n'est pas un problème. On lui a vivement reproché – et on a bien fait – sa négligence de la division de l'humanité en deux sexes et de la domination d'un sexe par l'autre. C'est une question qui aurait dû lui venir. Concernant la reproduction de la société, tout travail humain est un travail social. Il ne se contente pas de reproduire des biens de consommation, il reproduit, en même temps, des systèmes d'échanges et des institutions. Le marxisme appelle « modes de production » les manières dont on assure la survie de la société en mettant en place des rapports de domination et des institutions politiques qui renforcent les rapports de production. En même temps que les sociétés se reproduisent, des mouvements profonds d'ordre technologique, mais aussi de ce que j'appellerais l'« imaginaire des sociétés » – trop négligé par Marx et Engels –, finissent par faire craquer cette reproduction du même pour faire advenir quelque chose d'autre. Ils ont insisté légitimement sur l'aspect technologique mais ils ont ignoré la transformation des mœurs, l'« imaginaire de la société ». Certes, il vient un moment où les rapports de production ne sont plus adaptés à l'évolution des forces productives : la structure de domination de type féodal craque lorsque des manufactures s'installent, de plus en plus nombreuses, et que le commerce se développe. Mais il n'y a pas que la technologie, il y a aussi la transformation des mœurs, ce que j'appelais tout à l'heure l'« imaginaire des sociétés », les rapports humains qui, souterrainement, à chaque génération, évoluent et finissent par provoquer des bouleversements. On s'aperçoit brusquement que la société, dans ses structures institutionnelles, est devenue archaïque par rapport aux pratiques des individus. C'est, à mon avis, une cause beaucoup plus importante de révolution que la cause économique.

> Saint Augustin parlait de la fin des temps, Hegel de la fin de l'histoire, Marx de la fin du capital... Une permanence de l'obsession de la finitude.

Il y a toujours ce que nous appelons, dans notre jargon philosophique, une « eschatologie », une doctrine de la destinée humaine. Nous ferions peut-être bien de revisiter cette saine conception des Anciens, des Grecs en particulier, qui ne voyaient aucune nécessité à un commencement et à une fin du temps. Il faut admettre l'histoire contingente, lieu des volontés humaines peut-être et, plus profondément, des désirs humains.

8. L'avenir

Voici venu notre dernier entretien. Je l'aborde avec cette question derrière la tête : la philosophie a-t-elle un avenir ? J'en entends qui crient oui, d'autres non ! J'aimerais, vous l'imaginez, avoir pour réponse autre chose qu'une simple exclamation. Mais auparavant, et peut-être pour éclairer cette réponse sur l'avenir de la philosophie, nous devons revenir à Friedrich Nietzsche. Vous y avez fait allusion en en parlant comme d'un empêcheur de tourner en rond, un homme de la contestation radicale de la raison. C'est tout ce que vous en avez dit. Il semble que la raison philosophique rencontre là, en cet homme, un obstacle majeur.

J'ai essayé de montrer, au début, comment la rationalité philosophique s'était construite face au défi posé par la cité grecque. Cette rationalité s'est développée, elle a produit des effets, et on peut dire que la civilisation dans laquelle nous nous trouvons est un résultat de cette évolution par une mise en actes des hommes. Et voici qu'à la fin du XIXe siècle une manière de prophète – je préférerais dire : poète, mais un poète qui raisonne très fort et très ferme – se met à douter de la raison, de ses fondements, de ses justifications théoriques. Le personnage de Nietzsche marque vraiment la transition, à mon avis, entre la raison classique et la situation dans laquelle nous nous trouvons. Lorsque Nietzsche a développé sa pensée, entre 1875 et 1900 – date de sa mort –, il ne pouvait pas être compris. Nous commençons seulement maintenant à saisir ce qu'il voulait dire. Cela nous montre que la raison et sa critique peuvent se développer hors du corpus spécifique de la philosophie classique, de type professoral. Nietzsche n'a jamais été professeur de philosophie. Il était philologue. Il est devenu poète. Il a écrit des essais. Il n'y a pas de lui d'œuvre systématique. A cet égard, je pense qu'il ne peut pas y avoir de nietzschéisme. Nietzsche est un penseur que chacun interprète à sa manière. Et ce que je vais en dire, c'est ce que j'en pense. Je ne prétends pas avoir l'exclusivité de ce que je dis ; je suis même très timide et modeste face à lui.

Mais est-ce un philosophe ?

Pas un philosophe au sens où Hegel entendait la philosophie, mais je crois qu'à notre sens aujourd'hui, oui, c'est un philosophe. C'est tout ce dont nous avons à débattre au cours de cette trop petite heure qui nous reste.

Alors, Nietszche ?

Eh bien, c'est intéressant de le prendre comme articulation, comme introduction à ce qu'est la philosophie aujourd'hui, parce qu'il met en question les principaux pivots de la rationalité. D'abord, le platonisme. Il est d'accord avec Platon lorsque celui-ci dit : Ou bien vous choisissez l'hypothèse des Idées, vous croyez qu'il y a un arrière-monde intelligible et vous acceptez de vous soumettre à lui, ou bien vous êtes dans le malheur et l'immoralité. Nietzsche dit : Oui, le pari existe. Mais ce n'est pas dans ce sens qu'il aurait fallu le faire car en choisissant l'hypothèse des Idées, en acceptant le primat de ce discours rationnel unitaire, massif et autoritaire, on perd tout simplement la vie, au nom de la sécurité. Voyez comment Nietzsche procède : il ramène moralité, justice, etc., à ce qui en est le fondement, à savoir la simple sécurité. Sécurité d'être ici-bas un brave homme et dans l'au-delà, s'il y en a un, un élu. Tout cela, pour Nietzsche, n'a aucune espèce d'importance car ce que l'on perd alors, et dès maintenant, c'est la vie, la sensibilité, l'invention, tout ce qui fait le prix de l'homme, une liberté active, créatrice. Pour Nietzsche, le platonisme a instauré le règne du ressentiment. Il y avait des inventeurs, des créateurs, et la philosophie d'école, se greffant sur Platon, a voulu réduire toutes ses inventions à l'aune de cette rationalité philosophique. Elle a fait disparaître le sens de la vie. C'est le mot « vie » qu'il faut employer ici. On gagne la sécurité, mais on perd l'exultation du corps, cette espèce de plaisir-souffrance qu'est la recherche folle, aventureuse.

> Voilà donc une première remise en question fondamentale.

La seconde concerne le christianisme. Je vais vite. Je ne parle pas du Christ parce que, chez Nietzsche, il y a des flottements concernant le Christ. Tantôt il est très sévère à son égard, tantôt il manifeste un attachement profond pour le personnage qu'il représente. Mais il attaque le christianisme en tant que celui-ci a encore accentué ce dédain du corps, de la sensibilité, du plaisir. Je cite de mémoire une formule de *L'Antéchrist* : « Ce qui est chrétien, c'est la haine contre l'esprit, contre l'orgueil, le courage, la liberté, le libertinage ; ce qui est chrétien, c'est la haine contre les sens, contre la joie. » Nietzsche va très loin, toujours dans *L'Antéchrist*, quand il déclare que c'est la résolution chrétienne de considérer le monde, sous-entendu le monde sensible, comme laid et mauvais qui a rendu le monde laid et mauvais. Cette affirmation dérive alors sur la critique véhémente de la société de son temps, présentée comme étant le résultat de la dialectique, de la rationalité philosophique de type hégélien. Il résume ce monde dans lequel il vit par un certain nombre de formules. C'est un monde où triomphe l'égoïsme des classes commerçantes, et, sous sa plume de poète, la mise en question de la société de masse prend des accents extrêmement émouvants et inquiétants. Il déclare que, dans ce monde de l'égoïsme commerçant, tout devient égal à tout, tout s'échange contre n'importe quoi. C'est ce qu'il appelle le « nihilisme ». Le nihilisme nietzschéen est beaucoup plus un constat qu'une revendication. Dans ce monde, tout s'échange, tout peut devenir bien ou mal, prendre valeur ou non-valeur, tout dépend des circonstances. Il critique aussi l'égoïsme de l'État en faisant de la démocratie un pouvoir qui abrutit, qui nivelle, et du socialisme l'anéantissement – je le cite –, l'« anéantissement formel de l'individu ». Il appelle le socialisme le « frère cadet du despotisme », parce qu'il exalte l'État et soumet l'individu. Plus profondément encore, Nietzsche fait une très violente critique de tous les nationalismes, aucun nationalisme ne trouvant grâce à ses yeux. Au-delà des régimes et des nationalismes, il attaque ce que nous appelons aujourd'hui l'« idéologie » de la science. Il qualifie la science de « nouvelle piété », de « nouvelle idole ». Dans un article du *Gai Savoir* intitulé « En quel sens nous aussi sommes encore pieux », il montre la science prenant le relais de la religion et les institutions scientifiques remplaçant aujourd'hui les Églises.

Nietzsche, *Le Gai Savoir*, in *Œuvres philosophiques complètes*, Gallimard, vol. V, p. 238.

C'est encore et toujours une *croyance métaphysique* sur quoi repose notre croyance en la science – et nous autres qui cherchons aujourd'hui la connaissance, nous autres sans dieu et antimétaphysiciens, nous puisons encore *notre* feu à l'incendie qu'une croyance millénaire a enflammé, cette croyance chrétienne qui était aussi celle de Platon, la croyance que Dieu est la vérité, que la vérité est divine... Mais que dire, si cela même se discrédite de plus en plus, si tout cesse de se révéler divin, sinon l'erreur, l'aveuglement, le mensonge – et si Dieu même se révélait comme notre plus durable mensonge ?

Le texte est d'une beauté péremptoire. Et l'on songe à toutes ces louanges actuelles à l'égard de la science. Nietzsche y voit la manifestation d'une nouvelle piété, adoration sans compréhension véritable. Nietzsche débouche sur une critique du progrès. Il prononce cette phrase, que personnellement j'aimerais voir inscrite un peu partout pour nous faire réfléchir et nous éviter de rêver et d'être embobelinés par les zélateurs du progrès : « Il n'y a pas de loi selon laquelle se développer serait forcément s'élever, s'accroître, se fortifier. » C'est une remarque de poète et d'homme de bon sens extrêmement terre à terre, et qui caractérise bien la pensée de Nietzsche.

> Pour revenir sur un terrain plus philosophique (puisque tel est l'objet de nos conversations), Nietzsche récuse en fait l'idée de vérité.

Exactement. Il montre que la vérité est une pauvre notion, une notion dérivée. Ce qui est premier, c'est l'évaluation. Il se demande devant chaque énoncé – qu'il s'agisse d'un énoncé de la vie quotidienne, d'un précepte de la morale pratique courante ou d'un énoncé scientifique ou philosophique – quelle attitude est à la racine de cet énoncé, quelle prise de position envers la vie est à l'origine de la formule prononcée. Il substitue à l'idée de vrai-faux l'idée d'évaluation affirmative, qui fait triompher la vie, ou d'évaluation réactive, qui diminue et rend médiocre. Nietzsche met en avant la catégorie du noble et du médiocre par opposition à la catégorie du vrai et du faux. Le faux, ce n'est pas vraiment du faux, c'est toujours du mensonge ou de la bêtise. Et ce que nous appelons « vrai », en réalité, est une affirmation allant dans le sens de l'épanouissement et de l'invention de l'originalité.

> Certes, c'est un discours radical, mais c'est un discours de poète. Une nuance de valeur morale tend à remplacer la recherche de la vérité. Quelle est la force réelle des arguments de Nietzsche en dehors de leur brillance ?

C'est vrai que la force des arguments tient beaucoup à la beauté du style, mais cette beauté n'est pas innocente. Qu'est-ce qui est derrière l'appréciation de beauté que nous portons ? Qu'est-ce que cette beauté « platonicienne » dont le modèle serait là, quelque part, et à quoi nous confronterions les réalités empiriques pour savoir si elles sont bonnes ou mauvaises ? Là aussi, il faut porter sur l'idée de beauté un jugement nietzschéen. Nietzsche nous invite à juger l'arbre à ses fruits et non pas à des critères internes qui peuvent toujours être récusés. Il ne condamne pas la raison classique ou la dialectique au nom d'arguments théoriques, il demande : d'où cela vient-il et qu'est-ce que cela donne ? On peut certes prendre *Zarathoustra* pour un poème ou une rêverie, mais ce qui y est véhiculé, ce qui est signifié dans ces textes, n'est-ce pas ce que retrouvent, ici et là, le sociologue, l'historien, le philosophe, par des modes de raisonnement tout à fait classiques ? Aujourd'hui, il n'y a plus seulement que les lecteurs de Nietzsche qui doutent du progrès. Les épistémologues se demandent s'il n'y a pas eu une inflexion de la science telle qu'elle n'a plus cette force inventive qu'elle avait. Nietzsche est bien d'accord pour reconnaître que, par exemple, les hommes de la Renaissance étaient de grands inventeurs, mais, constate-t-il, cette veine s'est épuisée.

Nous reviendrons sur l'influence de Nietzsche sur la pensée philosophique actuelle. Il est certain, quoi qu'on en pense, qu'il est un prodigieux éveilleur.

Sa pensée est aussi très ambiguë.

Nietzsche a été si violent qu'il a dit un peu n'importe quoi. Il est toujours possible de prendre dans son texte des formules qui peuvent servir aux entreprises les plus détestables. Sans doute. Nous connaissons bien le nietzschéisme de salon, cette forme un peu bébête de l'égotisme, un peu ridicule du poète enfermé dans la grandeur de sa tour d'ivoire. Mais, plus grave, on sait très bien que l'hitlérisme, par exemple, s'est prévalu des formules de Nietzsche. Mais c'est toujours en tronquant les textes. Des commentateurs avisés ont très bien montré que le chef hitlérien n'a rien à voir avec le surhomme de Nietzsche. C'est un esclave qui s'est hissé au pouvoir, dans la formulation même de Nietzsche, et qui, animé par le ressentiment, fait régner la terreur. C'est donc vrai que Nietzsche est un penseur fondamentalement ambigu. C'est sans doute ce qui le rend si choquant – mais il est bon d'être choqué.

Je remarque que, souvent, lorsqu'on cite Nietzsche, on lui associe Freud. Non pas qu'on les confonde, mais on les associe dans la contestation de la raison, bien que Freud l'ait fait par une autre voie, la mise en évidence de l'inconscient, du désir, de l'irrationnel par conséquent.

Oui, c'est étrange, parce que Freud était tout le contraire de Nietzsche, en fait. C'est un médecin – chacun le sait –, un homme qui s'occupait de la réalité empirique avec beaucoup de soin, qui était assez conformiste dans sa vie privée (ce qui n'était pas du tout le cas de Nietzsche). C'était un homme de cabinet, un homme d'études qui a essayé de fonder une science nouvelle avec des considérations empiriques méticuleuses. Il était habité par l'esprit de sérieux, de responsabilité. Il se trouve que le génie de Freud est allé au-delà de ce qu'était le personnage officiel : il a certainement modifié très profondément la représentation que nous pouvons avoir de l'homme. A cet égard, le philosophe ne peut pas ne pas tenir compte de Freud. Je laisse de côté la psychanalyse comme thérapeutique, la fondation de cette école, de ce qu'elle est devenue, je laisse de côté les polémiques actuelles autour du statut de la psychanalyse, de sa fonction et de sa validité. Je m'interroge sur Freud, en somme, comme sur un homme de culture qui, des années 1885-1890 jusqu'à sa mort, en 1939, a accumulé des réflexions, des textes, les a repris et critiqués sans cesse, n'était jamais content, toujours confronté à la réalité, à des patients, des malades. Il a édifié une œuvre non dogmatique, non doctrinale, qu'on ne peut pas ériger en système, qui modifie complètement l'idée que la philosophie avait de l'homme, en montrant notamment que la conscience n'est que la partie émergée de l'iceberg. Vous l'avez dit, Freud montre que l'homme, dans sa matérialité, est essentiellement pulsion, désir. Cette reine du monde, la raison, est en fait fille de la pulsion. Ce qu'on a institué comme juge en dernier ressort est jugé par ce qu'il y a de plus profond : le principe de plaisir et son antagoniste, ou son dérivé présent, le principe de réalité.

> Bref, Freud a contribué à complexifier l'image de l'homme. C'en est fini de la belle hiérarchie : en bas, les tendances animales ; en haut, la raison ; entre les deux, les tendances supérieures qui permettent de passer de l'animalité à la divinité de l'homme, selon le schéma platonicien des trois âmes : l'âme désirante, l'âme courageuse et l'âme pensante.

Oui. A cette belle construction, Freud substitue une vision plus dynamique de la réalité humaine et de la relation entre les hommes, en introduisant ce qui avait toujours été passé sous silence par la philosophie, à savoir la division de l'humanité en deux sexes. C'est quand même quelque chose d'important, me semble-t-il, qui doit bien avoir des effets quelque part. Bref, Freud pose autrement, déplace à son tour la question de l'homme.

Nietzsche et Freud n'opèrent pas des révolutions, mais des déplacements. Ils nous donnent des points de vue qui nous obligent à fixer les yeux ailleurs, à regarder autrement. Cela est très important, car il y a une part décisive de l'œuvre de Freud, concernant l'art. Il a toujours été intéressé par les œuvres d'art. Elles ont nourri sa réflexion. Il essayait d'utiliser le rapport avec la culture pour saisir le rapport avec ses malades.

On a insisté sur l'aspect esthétique de l'œuvre de Nietzsche. C'est une grande nouveauté dans la pensée actuelle. Souvent, plus que les sciences sociales, l'histoire, l'argumentation philosophique ou scientifique, les artistes nous font découvrir des aspects du réel, déplacent notre regard, nous empêchent de ronronner dans la répétition de ce que nous savons trop bien. Ici, je ne peux pas m'empêcher de penser aux pages admirables écrites par Maurice Merleau-Ponty sur Cézanne.

Maurice Merleau-Ponty, *L'Œil et l'Esprit*, Gallimard, p. 35.

L'instant du monde que Cézanne voulait peindre et qui est depuis longtemps passé, ses toiles continuent de nous le jeter, et sa montagne Sainte-Victoire se fait et se refait d'un bout à l'autre du monde autrement, mais non moins énergiquement que dans la roche dure au-dessus d'Aix. Essence et existence, imaginaire et réel, visible et invisible, la peinture brouille toutes nos catégories en déployant son univers onirique d'essences charnelles, de ressemblances efficaces, de significations muettes.

Au travers de ces deux personnages, c'est la mise en question du primat de la rationalité philosophique qui est faite. Alors, est-ce qu'il n'y aurait pas d'autres sagesses ? C'est une question que je vous ai posée dès notre premier entretien, et vous y avez partiellement répondu. L'Égypte ancienne, la Chine, l'Inde, la pensée arabe, le Moyen Age occidental... tout cela qui n'est pas philosophie, n'est-ce pas aussi une recherche de vérité, une quête de la rationalité ?

Vous n'avez que trop raison. Il me semble avoir pris mes précautions et dit que, certes, Platon inventait la raison *stricto sensu* ou la philosophie *stricto sensu*, mais qu'il n'était pas du tout nécessaire de confondre la philosophie et la pensée. Des ébranlements comme ceux produits par Nietzsche et Freud sont tels que nous nous rendons compte qu'il est nécessaire d'adopter, par rapport à ce qui a triomphé dans notre monde, un point de vue différentiel. Je m'explique. Cet ébranlement nous incline à adopter, face à cette rationalité philosophique triomphante, un point de vue de contestation venu de l'extérieur. Pour que l'on en vienne là, il fallait qu'il y ait des ébranlements intellectuels dus, entre autres, aux artistes, et que la réalité produite par cette rationalité philosophique manifeste ces crises. C'est pourquoi je crois avoir eu raison d'insister sur la réussite du système hégélien et sur sa liaison avec l'État moderne. Je crois que, là, nous touchons du doigt quelque chose d'important. Hegel montre comment ce type de raison a donné lieu à une histoire, devenue une histoire mondiale, comment cette raison philosophique s'est étendue au monde entier, sous la forme, par exemple, d'une industrie progressiste, accumulative. Certes, des machines, les Chinois en avaient, mais c'étaient des machines répétitives, des machines un peu pour jouer. Et voici que, par l'intermédiaire de la colonisation, de la diffusion des Lumières, cette rationalité recouvre le monde entier et, en même temps, cette espèce de réussite porte en elle sa propre crise. Et les remarques théoriques des Nietzsche, des Freud et de multiples artistes, écrivains, politiques, etc., nous renforcent dans notre idée qu'il nous faut nous interroger, cette fois, avec beaucoup plus de sérieux. Nous découvrons que – j'allais dire l'« erreur » mais, puisque nous parlons de Nietzsche, osons le mot – le « mensonge fondamental » de Hegel, c'est d'affirmer qu'il était nécessaire qu'il en fût ainsi. Nietzsche dévoile, derrière ce triomphe, une volonté de conquête, de réduction, une volonté de domination, d'appropriation.

A la lumière des crises traversées par le monde en ce siècle – les deux guerres mondiales, leurs monstruosités, leurs conséquences politiques –, nous avons le devoir de nous interroger sur le principe qui est à la racine de cela et de considérer qu'il n'y a aucune nécessité qu'il continue d'en être ainsi. En d'autres termes, cette victoire de la rationalité philosophique, que j'ai décrite dans les sciences et la société, est porteuse de sa mise en question. C'est cela que Nietzsche à sa manière, Freud d'une autre manière découvraient déjà. Peut-être est-ce un peu grâce à eux que nous sommes maintenant tentés de porter nos regards ailleurs, sur d'autres types de culture qui n'ont pas pensé de la même manière. Les ethnologues nous en apprennent beaucoup lorsqu'ils nous parlent de la vie de ceux qu'on appelle « primitifs » ou « sauvages ». La manière dont ils existent, ont existé, ont été massacrés par les conquérants blancs nous permet de porter un point de vue différentiel sur notre propre civilisation. C'est ce que la philosophie d'aujourd'hui ne peut pas éliminer. J'ai essayé de montrer comment, au XVIIe siècle, la philosophie ne pouvait pas éliminer la science, comment, au XIXe siècle, elle ne pouvait pas éliminer l'histoire. Aujourd'hui, une philosophie qui refuserait de tenir compte de ces points de vue différentiels ferait une énorme erreur. Ainsi de la pensée arabe, chinoise, indienne, et je dirais aussi de tous ceux qui, à l'intérieur de la culture occidentale, ont pensé différemment. Cela ne vient pas seulement de l'extérieur à l'Occident, mais aussi de l'Occident même : dans des périodes qui paraissaient rationnelles, d'autres formes s'exprimaient. Je pense ici aux sceptiques grecs, que nous avons coutume de considérer un peu trop facilement comme des spécialistes des jeux de langage ; il y a plus profond que cela en eux. Je pense à Lucrèce, cet admirable poète physicien. Je pense, pendant la période médiévale, à tous ces inventeurs comme Abélard et, dans une période plus récente, à ceux-là mêmes qu'on classe comme philosophes, mais qu'on aurait plutôt tendance à prendre pour des philosophes de seconde zone. J'ai essayé, en particulier dans la présentation que j'ai faite de Kant, de montrer l'extraordinaire importance de David Hume, qui fait déjà une critique radicale de la rationalité ; et enfin je pense à l'importance pour la réflexion de tout ce qui n'est pas philosophique. Voilà ce que la philosophie a à comprendre aujourd'hui : ce qui n'est pas philosophique.

Et si je vous pose, à propos de Freud, la question que je vous ai posée à propos de Nietzsche : le considérez-vous comme un philosophe ? Vous répondez non, je suppose.

Je réponds non dans le sens hégélien. L'argumentation qu'il emploie n'est pas du type doctrinal qu'exige le système philosophique, mais il y a beaucoup plus de philosophie, c'est-à-dire de réflexion sur ce qu'est l'homme dans son être, dans son dynamisme, dans sa socialité, chez Freud que chez tous les professeurs de philosophie. C'est bien le problème.

Alors, pourquoi ce grand ébranlement nous vient-il de non-philosophes officiels, de Nietzsche, de Freud, des écrivains, des artistes, des politiques, bref, des gens qui n'appartiennent pas au champ nommé « philosophique » ?

J'ai déjà tenté de répondre à cette question. Je crois qu'effectivement la raison, la rationalité philosophique classique trouve – j'en reste convaincu – son achèvement dans le discours hégélien. Mais ce discours hégélien achevé, réalisé en quelque manière puisque l'État moderne existe bien, *grosso modo*, selon le schéma qu'il nous propose, cela ne va pas mieux. Parce que c'est bien cela, le pari platonicien : il faut que cela aille mieux. Or cela ne va pas mieux. Marx constate que la classe ouvrière n'est pas satisfaite et continue de se battre, qu'il y a des crises économiques. Nietzsche constate que c'est la médiocrité qui l'emporte. Freud constate qu'il y a des malades et que l'on traite de fous des gens qui, après tout, n'ont peut-être qu'une autre forme d'intelligence, etc. Voilà qui semble signifier que peut-être la raison philosophique, la raison classique globale qui prétend enfermer la totalité de l'être entre la première et la dernière page d'un livre, est mensongère. Elle est une raison élitiste, une raison d'école, une raison, comme on aime à dire maintenant un peu trop, de « pouvoir ». Et, ailleurs, il se passe d'autres choses. Ceux qui sont ailleurs en parlent et obligent le philosophe à porter ses regards dans d'autres directions.

> Alors, où est l'avenir de la philosophie ? Est-ce que ces grands ébranlements, ces mises en cause radicales, ces questions venues d'ailleurs ne sont pas le signe de la mort de la raison, de la mort de la philosophie ?

Je crois très franchement qu'on ne peut pas assimiler la mort de la raison et la mort de la philosophie. D'abord, il faut être prudent concernant la mort de la raison classique, elle a encore beaucoup à nous apprendre. Quant à la mort de la philosophie, cela revient périodiquement. On a clamé la mort de la philosophie avec l'apparition de la pensée chrétienne dans la Rome dite « décadente », et elle a réapparu ; c'est même le christianisme qui l'a fait réapparaître. On a parlé de la mort de la philosophie dans la prédication de saint Bernard. Les positivistes, au XIXe siècle, ont annoncé la mort de la philosophie avec l'avènement de la science triomphante.

> Est-ce que la fin du XXe siècle ne reproduit pas une situation analogue à celle de la fin du XIXe ? On peut parler de la mort de la philosophie de différentes manières. Si nous faisions un panorama de la situation mondiale de la philosophie, pour y voir plus clair ?

Dans les pays dits « de l'Est », on peut dire que la philosophie est tout entière occupée par le « matérialisme dialectique ». Ce n'est qu'un grand cadavre que l'on entretient artificiellement avec des piqûres, comme certains chefs d'État il n'y a pas très longtemps. Quand on connaît les textes, on s'aperçoit qu'il ne se passe plus rien en philosophie, là-bas. Le phénomène n'est pas nouveau. Il y a déjà eu une pensée chrétienne qui fonctionnait de cette manière, qui dogmatisait et ne produisait plus rien. Alors, oui, si la philosophie se réduit à la dialectique matérialiste telle qu'elle est professée en Union soviétique, on peut dire que la philosophie est morte. Plus généralement, lorsque la philosophie se réduit à être une administration des sciences, elle n'est pas morte, mais elle est une simple vulgarisation. Ce n'est pas très intéressant.

> Mais, dans nos pays, on assiste à une mise en question de la philosophie par les sciences humaines.

C'est vrai. Et, sur le plan institutionnel, la philosophie reçoit des coups très durs concernant son enseignement. Si je prends le cas particulier de la France, on réduit les heures consacrées à l'enseignement philosophique au nom de la rentabilité, des impératifs de la formation professionnelle, en répétant ce vieux truc : la philosophie est inutile, c'est du temps perdu ; dans ce monde de la production, il faut penser autrement.

L'objection pourrait être sérieuse si les sciences sociales étaient vraiment des sciences. Il suffit de regarder les interrogations des sociologues sur la sociologie ou des économistes sur l'économie pour comprendre que ce ne sont pas des sciences au sens où il y a une science physique. Ce sont des approches de type scientifique. Dire que ce qui était traité par la philosophie va l'être désormais par les sciences sociales n'est pas fondé sur la réalité, c'est tout simplement une opération politique. J'ai beaucoup de respect pour les travaux des sociologues, des ethnologues, des économistes, je trouve qu'il se fait dans ce domaine des choses très intéressantes, mais je ne vois pas en quoi cela pourrait occuper la place de la philosophie. Seulement, la philosophie doit comprendre qu'elle doit être de son temps. Je crois que la preuve est faite, et cela dans le monde entier : les dissidents soviétiques, les contestataires des universités américaines, ce qui se passe en France, en Italie, en Allemagne, témoignent d'une vie philosophique intense qui produit en mettant en question.

Mais de quelle manière ?

D'abord en renonçant à cette suprématie que le philosophe s'accordait. La philosophie est vivante aujourd'hui lorsqu'elle se met en relation avec d'autres disciplines, par exemple avec les sciences – non pour les juger, les administrer ou les vulgariser, mais pour en tirer des éléments de réflexion. C'est vrai aussi pour la réalité politique, l'art incluant la pensée littéraire, poétique, écrite ou parlée, voire l'audiovisuel, qui me paraît un lieu très important d'expression. La philosophie aujourd'hui, pour être de son temps, doit se connecter avec diverses réalités où il y a de l'invention. Qu'elle essaie de saisir l'imaginaire de la société, et elle rejoint ce qu'il y a de plus fécond dans les recherches de l'histoire profonde des sociétés : non l'histoire des héros ou des grands hommes, mais l'histoire de la matérialité et de l'imaginaire social. De ce point de vue, je ne crois pas que la philosophie soit morte.

> Elle est toujours vivante. Simplement, il y a des parties mortes, mais n'y en a-t-il pas toujours eu dans la philosophie d'école ?

Certes, il est très difficile de se sortir d'une tradition. Mais je crois que nous avons beaucoup d'exemples aujourd'hui de productions philosophiques très différentes. Je ne plaide pour aucune école, mais je note ce souci de l'argumentation philosophique dans ce qu'elle a d'irremplaçable et qui me paraît être la question philosophique par excellence de notre époque : qu'est-ce que ça vaut ? au sens nietzschéen du terme. J'ai une grande admiration pour l'épistémologie, qui s'efforce de réfléchir sur la signification des découvertes scientifiques, mais je crois que le philosophe va plus profond et plus loin lorsqu'il se demande, comme le faisait le vieux Kant : qu'est-ce que vaut la science ? Qu'est-ce que valent les institutions scientifiques ? Quelles sont les relations entre la science et la société, entre la science et les pouvoirs ? Quels sont les pouvoirs de la science ? En fait, les gens se posent ces questions. Les philosophes interviennent pour les formaliser. D'ailleurs, nous avons un grand exemple : Einstein a soulevé ces problèmes.

> Les philosophes du XVIIe siècle ne pouvaient pas, dites-vous, éviter la pensée scientifique, puisqu'elle était dominante et révolutionnaire à l'époque. Mais la science actuelle reste créatrice.

Certes, son discours est de plus en plus partiel – et revendique cet aspect partiel. La philosophie tient habituellement un discours plus global, une forme de savoir absolu, de type hégélien.

Je crois que la philosophie a renoncé – en tout cas elle doit le faire – à cette prétention à l'exhaustivité. Il n'est plus question de dire l'alpha et l'oméga de ce qui est. C'est un rêve irréalisable. En connexion avec les sciences et les arts, les philosophes peuvent apprendre que la raison n'est pas une, que la réflexion peut se fixer un objet et s'efforcer de l'épuiser autant qu'il est possible, mais sans prétendre que cet objet recouvre la totalité du réel et de l'imaginaire. Seconde remarque, le rapport de la science et de la technique aujourd'hui n'est pas le même que celui qui existait au temps de Descartes. Au temps de Descartes, les progrès ont été si fulgurants qu'il pouvait penser que la technique était toujours bénéfique et que la maîtrise de la nature était pour bientôt. Or, notre siècle a révélé – c'est une opinion personnelle – que la science est de plus en plus assujettie à l'exigence technique et que cela reflue sur ses capacités d'invention. C'est très bien de vouloir mettre la science au service de l'homme mais, en fait, qui décide pour l'homme, sinon les pouvoirs ? Et les pouvoirs n'ont pas toujours des objectifs désintéressés. Il m'apparaît, en particulier depuis la fin de la Seconde Guerre mondiale, que l'exigence technicienne de rentabilité réagit par rétroaction sur la recherche scientifique d'une manière qui n'est pas toujours favorable.

Ainsi, le philosophe se dirait : N'y a-t-il pas un changement dans le statut des sciences dès le moment où elles doivent nécessairement, pour se développer, être techniciennes ?

Je ne réponds pas à cette question. Je la pose. C'est la question, que je signalais tout à l'heure, du rapport entre la science, la société et les pouvoirs qui dirigent cette société.

On s'est rendu compte, également depuis la fin de la Seconde Guerre mondiale, que la technique était devenue, pour des raisons économiques globales, mondiales, une espèce de ballet forcené. Elle doit toujours aller de l'avant et, du coup, elle devient une sorte de fin en soi. C'est cela la « société de consommation », que les gens ressentent très bien. Je dis « les gens » pour les gens dans la rue, dans les bureaux. Prenons le problème de la médicalisation de la société. Il est compliqué. On ne peut mettre en question ni la médecine ni les médicaments, cela serait absurde. L'humanité en a largement profité. Mais comment traiter le fait que la société doive se charger de soigner les maladies, précisément produites par elle-même, et que, par ailleurs, cela va créer un entraînement de la médicalisation qui risque de nous mener aux pires folies ? Voilà quelques exemples à propos de la science. Si nous avions parlé des grandes découvertes faites par les romanciers, j'aurais évoqué d'autres problèmes.

C'est ainsi que j'envisage le rôle de la philosophie. Ni mentor ni conseiller, le philosophe doit s'efforcer de comprendre les effets de ce qui se produit aujourd'hui et se poser cette question, la même : est-ce que cela vaut le coup ?

> Mais il me semble que déjà Nietzsche et Freud, entre autres, et chacun à sa façon, ne croyaient guère à la notion de progrès telle que le XIXe siècle l'a mise en place.

Sans doute. J'ai cité Nietzsche, j'aurais pu citer également Freud. Dans *Malaise dans la civilisation*, il montre que ce que l'humanité gagne d'un côté, elle le perd de l'autre, que tout progrès dans un domaine fait qu'on est perdant dans un autre domaine.

> Sigmund Freud, *Malaise dans la civilisation*, PUF, p. 69 (trad. Ch. et J. Odier).
>
> Si la civilisation impose d'aussi lourds sacrifices, non seulement à la sexualité mais encore à l'agressivité, nous comprenons mieux qu'il soit si difficile à l'homme d'y trouver son bonheur. En ce sens, l'homme primitif avait en fait la part belle puisqu'il ne connaissait aucune restriction à ses instincts. En revanche, sa certitude de jouir longtemps d'un tel bonheur était minime. L'homme civilisé a fait l'échange d'une part de bonheur possible contre une part de sécurité.

Il faut réfléchir très sérieusement sur cette idée de progrès. C'est au nom du progrès qu'au cours de ces dernières décennies se sont accomplis les plus grands massacres. Selon la pensée dialectique, lorsque l'on massacre, on dit que c'est la phase négative mais aussi que, dans une synthèse dépassante, il va y avoir des progrès. Je crois que la réflexion nous invite à refuser purement et simplement l'idée du progrès global. Naturellement il n'est pas question de refuser qu'il y ait des progrès dans tel ou tel domaine. Le passage d'un outil à un autre plus perfectionné dans un domaine donné est progrès. De la même manière, il est aisé de montrer qu'il y a un progrès dans les sciences physiques, ou chimiques, ou mathématiques. Mais ce qui est à récuser, c'est l'idée qu'un progrès dans un certain domaine serait la garantie d'un progrès global. C'est l'erreur grave commise par Marx. Il constate que le capitalisme a accompli un progrès industriel, qui améliore les produits, les machines, qui ne cessent, selon ses propres formules, de se révolutionner elles-mêmes. Mais ce progrès est freiné par la structure d'exploitation propre au capitalisme. Dans la mesure où il pense que l'infrastructure des modes de production est déterminante, il en infère que, si l'industrie cesse d'être freinée, elle va entraîner un progrès global de l'humanité. Voilà l'erreur. Ce qui est gagné par l'humanité dans un certain secteur risque toujours d'être perdu dans un autre. C'est pourquoi j'émets des doutes sur les philosophies de l'histoire qui affirment que l'humanité va nécessairement quelque part. L'humanité ne va que là où elle veut aller ou, malheureusement, où on veut qu'elle aille. Ce n'est pas inscrit à l'avance. Il faut renoncer aux fameux axiomes de Condorcet.

> Condorcet, *Esquisse d'un tableau historique des progrès de l'esprit humain*, Garnier-Flammarion, p. 80-81.
>
> Ce tableau est donc historique puisque, assujetti à de perpétuelles variations, il se forme par l'observation successive des sociétés humaines aux différentes époques qu'elles ont parcourues. Il doit présenter l'ordre des changements, exposer l'influence qu'exerce chaque instant sur celui qui le remplace, et montrer ainsi, dans les modifications qu'a reçues l'espèce humaine, en se renouvelant sans cesse au milieu de l'immensité des siècles, la marche qu'elle a suivie, les pas qu'elle a faits vers la vérité ou le bonheur [...]. Tel est le but de l'ouvrage que j'ai entrepris, et dont le résultat sera de montrer, par le raisonnement et par les faits, qu'il n'a été marqué aucun terme au perfectionnement des facultés humaines ; que la perfectibilité de l'homme est réellement indéfinie ; que les progrès de cette perfectibilité, désormais indépendante de toute puissance qui voudrait les arrêter, n'ont d'autre terme que la durée du globe où la nature nous a jetés.

Il n'y a rien à faire. C'est comme ça. « Transformation » ne veut pas dire que cela aille mieux dans l'ensemble. Cela ne va pas plus mal non plus, dans l'ensemble. Il ne faudrait pas tomber dans une morosité régressiste. Les lendemains qui chantent sont à récuser au même titre que le bon vieux temps.

Au fond, il n'y a pas de finalité. L'étude de l'évolution vous donne-t-elle une indication ?

Sur le fait que la vie est devenue de plus en plus complexe, oui. La vie, au sens où le biologiste définit la vie. Mais dès le moment où nous entrons dans le domaine de la culture, de la morale, de la politique, c'est-à-dire des structures de domination, je ne crois absolument pas que nous puissions penser que l'humanité se soit améliorée. Le statut d'existence du Nambikwara ou du Guayaki des forêts amérindiennes avant l'invasion blanche était semble-t-il heureux, bien qu'il y eût des malheurs. Mais comment comparer ? Comment dire : cela va mieux maintenant ? Cela n'a pas de sens. Ce que l'intelligence humaine, par exemple, a gagné dans le maniement de la quantité, elle peut l'avoir perdu dans la perception de la qualité. C'est maintenant à peu près reconnu. Donc, il n'y a pas de finalité. Je ne l'ai pas dit tout à l'heure, mais Freud montre bien que les pulsions sont libres. C'est pourquoi il prend le terme très général de « libido » pour désigner le principe de plaisir. En distinguant sexualité et génitalité, il signifie qu'il n'y a pas de finalité à la libido. C'est ce qui permet de comprendre les perversions. Les perversions sont normales. Tout objet peut devenir objet de libido, et il n'y a pas plus de finalité dans notre rapport à la nature qu'il n'y en a dans l'histoire des diverses cultures.

Ainsi, tout se constitue autour de critères qui deviennent références ? Vous dites : « Les gens pensent cela et le philosophe formalise. » Est-ce que cela ne correspondrait pas à l'idée originelle de démocratie : le philosophe à l'écoute du citoyen et de l'émergence des nouveaux savoirs ? Je sais que vous ne voulez pas d'une philosophie comme vulgarisation. Pourtant, si elle est à l'écoute des « gens » et de l'émergence des nouveaux savoirs, elle est comme un pont jeté entre les deux ?

Oui, c'est un pont. Voilà comment je vois les choses, mais c'est tout à fait subjectif. Depuis ce XXe siècle, les grandes transformations qui se sont produites dans les sociétés humaines sont des transformations dans les mœurs, par de lents cheminements souvent secrets. Les institutions, très souvent, freinent ce développement, en vertu d'une tendance à l'inertie qu'a toute institution qui veut perdurer dans son être. Le philosophe s'inquiète de ce qui se passe dans les zones les plus secrètes des sociétés et qui n'est pas justiciable de la sociologie, parce que cela ne se traduit pas dans les conduites, dans les interviews, dans les enquêtes... Le philosophe a d'autres critères, il interroge de manière plus radicale les institutions pour tenter de fissurer leur force d'inertie. C'est en ce sens que la philosophie n'est pas vulgarisation. Ce n'est pas une diffusion de savoir simplifié qu'elle fait. Exemple : on constate aujourd'hui un problème de la famille. Comment sont les rapports hiérarchiques dans la famille ? Qu'est-ce qu'une famille sans patrimoine ? Quelle est la part des parents dans l'éducation des enfants ? Tout cela est obscur. Il y a des tentatives de réponses de types pédagogique, sociologique... Le philosophe a, pour témoignage que cela ne va pas, un certain nombre d'œuvres, d'événements, de faits. Il lit les analyses des sociologues, il essaie de comprendre ce qui se passe. Il repère par ailleurs dans certaines institutions pédagogiques ou, même – je prends ici l'exemple de Deleuze et Guattari –, dans l'institution psychanalytique un modèle du familialisme. Alors, la critique qu'il va faire ne le sera pas au nom d'une espèce d'idée platonicienne de la famille qu'on opposerait à une réalité empirique. Ce sera une mise en question documentée, prenant pour point d'appui ce qui se passe dans la réalité familiale aujourd'hui, d'un schéma, appelons-le « répressif », constitué, perpétué par inertie, qui a gagné même la psychanalyse. De même, on pourrait mettre en rapport les problèmes de la délinquance et ce que Michel Foucault a fait concernant *Surveiller et Punir*. On voit bien, avec les troubles causés par le phénomène des prisons, que cette manière de régler la question de la délinquance n'est pas satisfaisante. On voit le poids de la représentation collective, des institutions qui se reproduisent sur le mode du même, et les tentatives pour essayer de penser autrement, de déplacer le regard.

> Les philosophes contemporains viennent d'horizons très divers : de la linguistique, de la psychologie, de l'économie, voire des sciences « dures ». Est-ce particulier à notre époque ?

C'est une situation normale aujourd'hui. Antérieurement, les philosophes avaient la philosophie pour seul matériau. En ce qui concerne la France, la période qui commence avec Napoléon Ier voit le philosophe être, en même temps, professeur de philosophie et une espèce de relais de ce qu'était le père jésuite. Il n'est plus possible, après la défaite de Napoléon Bonaparte, de recourir purement et simplement à la religion pour l'éducation des enfants. Une page a été tournée, il faut aller de l'avant. Alors les pouvoirs de l'époque inventent l'enseignement de la philosophie pour tenir cette place, pour former de bons époux, de bons citoyens qui iront à la guerre quand on leur dira d'y aller, qui paieront leurs impôts quand on leur dira de les payer... Ainsi, les philosophes deviennent professeurs de philosophie et vivent de philosophie. Cette période a duré, et aujourd'hui encore il se trouve que la plupart des philosophes sont professeurs de philosophie. Mais, quelle que soit leur origine, ils se nourrissent maintenant d'autre chose. Aussi bien, le philosophe se tourne vers la production artistique. Je pense, par exemple, que la production cinématographique est un donné très important dans la réflexion philosophique contemporaine. Bien sûr, notre société est une société cassée, brisée, non seulement en institutions, mais en genres culturels de plus en plus nombreux. A cet égard le philosophe ne fait que s'inscrire dans un contexte. Parce qu'il a renoncé à cette idée qu'il détient un pouvoir suprême, il est un réactif aux situations, un réactif qui s'efforce de construire une vision cohérente et fondée du monde.

La raison n'a pas atteint l'âge de raison. L'atteindra-t-elle jamais ? Cela dépend de l'homme et de lui seul.

Bibliographie de François Châtelet

Périclès, Paris, Le Club français du livre, coll. « Portraits de l'Histoire », 1960 ; rééd., Bruxelles-Paris, Éd. Complexe, 1982.

La Naissance de l'Histoire. La Formation de la pensée historienne en Grèce, Paris, Éd. de Minuit, coll. « Arguments », 1961 ; rééd., Paris, UGE, coll. « 10/18 », 1974, 2 vol. ; trad. italienne, *Dedalo libri*, Bari, 1974 ; trad. espagnole, *Siglo XXI de Esp. Editores*, Madrid-Mexico-Bogota, 1977.

Logos et Praxis. Recherches sur la signification théorique du marxisme, Paris, SEDES, 1962 ; 2e éd. 1972.

Platon, Paris, Gallimard, coll. « Idées », 1965 ; trad. italienne, Bologne, L. Capelli ed., 1982.

Hegel, Paris, Éd. du Seuil, coll. « Écrivains de toujours », 1968 ; trad. italienne, Turin, SEI, 1974 ; trad. espagnole, Barcelone, Ed. Laia, 1972 ; trad. portugaise, Ed. Presença, 1976 ; trad. arabe, Damas, 1973.

La Philosophie des professeurs, Paris, Grasset, 1970 ; rééd., Paris, UGE, coll. « 10/18 », 1972.

Histoire de la philosophie. Idées. Doctrines (ouvrage collectif), Paris, Hachette, 1972-1973, 8 vol. ; trad. allemande, Ullstein, 1973 ; trad. japonaise, Tokyo, Haleusuiska, 1974 ; trad. portugaise, Rio de Janeiro, Zahar, 1973, et Lisbonne, Don Sauxota, 1976 ; trad. italienne, Milan, Rizzoli, 1976 ; trad. espagnole, Madrid, Espasa-Calpe, 1977 ; rééd. partielle sous le titre : *La Philosophie*, Verviers, Marabout, 1979, 4 vol.

La Révolution sans modèle (en collaboration avec G. Lapouge et O. Ravault-d'Allonnes), Paris-La Haye, Mouton, 1974.

Les Marxistes et la Politique (en collaboration avec E. Pisier-Kouchner et J.-M. Vinart), choix de textes présentés et commentés, Paris, PUF, coll. « Thémis », 1975 ; trad. espagnole, Madrid, Taupus, 1977.

Profil d'une œuvre : « Le Capital » (livre 2), Paris, Hatier, 1976 ; trad. italienne, Milan, Rizzoli, 1977.

Les Années de démolition, Paris, Hallier, 1976.

Chronique des idées perdues, Paris, Stock, 1977.

Histoire des idéologies (ouvrage collectif, en collaboration avec G. Mairet), Paris, Hachette, 1978, 3 vol. ; trad. italienne, Milan, Rizzoli, 1978 ; trad. espagnole, Madrid-Rome-Mexico, Zero-Zyx, 1979 ; rééd. partielle sous le titre : *Les Idéologies*, Verviers, Marabout, 1981, 3 vol.

Attraverso Marx, recueil d'articles, Naples, Ziguori, 1978.

Questions Objections, recueil commenté d'articles, Paris, Denoël-Gonthier, coll. « Médiations », 1979.

Présentation et Commentaire du « Manifeste du Parti communiste » de K. Marx et F. Engels, Paris, EMP, 1981.

Les Conceptions politiques du xxe siècle (en collaboration avec E. Pisier-Kouchner), Paris, PUF, coll. « Thémis », 1981.

Histoire des conceptions politiques (en collaboration avec O. Duhamel et E. Pisier-Kouchner), Paris, PUF, coll. « Mémento », 1982.

Dictionnaire des œuvres politiques (en collaboration avec O. Duhamel et E. Pisier-Kouchner), Paris, PUF, 1986.

Bibliographie générale

CHEVALIER, J., *Histoire de la pensée*, Paris, Flammarion, 4 vol. : 1, *La Pensée antique*, 1955 (rééd. sous le titre : *Des présocratiques à Platon*, Paris, Éditions universitaires, 1991) ; 2, *La Pensée chrétienne*, 1956 (rééd. sous le titre : *D'Aristote à Plotin*, Paris, Éditions universitaires, 1991) ; 3, *La Pensée moderne de Descartes à Kant*, 1961 ; 4, *La Pensée moderne de Hegel à Bergson*, 1966.

FOULQUIÉ, P., *Dictionnaire de la langue philosophique*, Paris, PUF, 1991, réimp.

HUISMAN, D. (dir.), *Dictionnaire des philosophes*, Paris, PUF, 1984, 2 vol. (vulgarisation).

JACOB, A. (dir.), *Encyclopédie philosophique universelle*, Paris, PUF, 2 tomes : I, *L'Univers philosophique*, 1989 ; II, *Les Notions philosophiques*, 1990, 2 vol.

JERPHAGNON, L., *Histoire des grandes philosophies*, Toulouse, Privat, 3e éd. 1982 (vulgarisation).

JERPHAGNON, L., *Dictionnaire des grandes philosophies*, Toulouse, Privat, nouv. éd. 1989 (vulgarisation).

LALANDE, A., *Vocabulaire technique et critique de la philosophie*, Paris, PUF, 16e éd. 1988.

LAPLANCHE, J., PONTALIS, J.-B., LAGACHE, D., *Vocabulaire de la psychanalyse*, Paris, PUF, 10e éd. 1990.

PARAIN, B., BELAVAL, Y., *Histoire de la philosophie*, Paris, Gallimard, coll. « Encyclopédie de la Pléiade », 3 tomes : I, *Orient, Antiquité, Moyen Age*, 1969 ; II, *De la Renaissance à la révolution kantienne*, 1973 ; III, *Du XIXe siècle à nos jours*, 1974.

SERRES, M. (dir.), *Éléments d'histoire des sciences*, Paris, Bordas, 1989.

TATON, R. (dir.), *Histoire générale des sciences*, Paris, PUF, 1966, 3 tomes : I, *La Science antique et médiévale* ; II, *La Science moderne* ; III, *La Science contemporaine*.

Table

Du même auteur

AUX MÊMES ÉDITIONS

Mort des beaux-arts
(en collab. avec J. Galard)
« Combats », 1971

Hegel
« Écrivains de toujours », 1994

La Naissance de l'histoire
« Points Essais », 2 vol., n° 322 et 323, 1996

L'Apathie libérale avancée
et autres textes critiques
« Points Essais », n° 787, 2015

CHEZ D'AUTRES ÉDITEURS

Platon
Gallimard, « Idées », 1965
et « Folio Essais », 1989

La Philosophie des professeurs
Grasset, 1970

Histoire de la philosophie
Idées et doctrines
(dir., 8 volumes)
Hachette, 1972-1973
et « Pluriel », 1999-2000

Les Marxistes et la politique
(en collab. avec E. Pisier-Kouchner
et J.-M. Vincent)
PUF, « Thémis », 1975

Chronique des idées perdues
Stock, 1977

Questions, objections
(recueil d'articles commentés)
Denöel, « Médiations », 1979

Manifeste du Parti communiste
(présentation et commentaire)
Pédagogie moderne, 1981

Périclès
Complexe, « Le Temps et les Hommes », 1982
rééd. sous le titre
Périclès et son siècle
« Historiques », 1990

Les Conceptions politiques du XXe siècle
(en collab. avec E. Pisier-Kouchner)
PUF, « Thémis », 1984

Histoire des idées politiques
(dir. en collab. avec O. Duhamel
et E. Pisier-Kouchner)
PUF, 1986, 1995
et « Mémentos Thémis », 1998
et « Quadrige », 2004, 2012

Logos et praxis
Recherches sur la signification théorique du marxisme
Hermann, « Philosophie », 2009

IMPRESSION : NORMANDIE ROTO IMPRESSION S.A.S. À LONRAI
DÉPÔT LÉGAL : MARS 2015. N° 122608-4 (1703256)
Imprimé en France

Collection Points Sciences

dirigée par Jean-Marc Lévy-Leblond

S160. Mathématiques, plaisir et nécessité, *par André Warusfeld et Albert Ducrocq*
S161. Éloge de la plante, *par Francis Hallé*
S162. Une histoire sentimentale des sciences *par Nicolas Witkowski*
S163. L'Avenir climatique, *par Jean-Marc Jancovici*
S164. Mal de Terre, *par Hubert Reeves et Frédéric Lenoir*
S165. L'Imposture scientifique en dix leçons *par Michel de Pracontal*
S166. Les Origines de l'homme, *par Pascal Picq*
S167. Astéroïde, *par Jean-Pierre Luminet*
S168. Ne dites pas à Dieu ce qu'il doit faire, *par François de Closets*
S169. Le Chant d'amour des concombres de mer, *par Bertrand Jordan*
S170. Au fond du labo à gauche, *par Édouard Launet*
S171. La Vie rêvée des maths, *par David Berlinski*
S172. Manuel universel d'éducation sexuelle à l'usage de toutes les espèces, selon le Dr Tatiana, *par Olivia Judson*
S173. L'espace prend la forme de mon regard, *par Hubert Reeves*
S174. Le Plein, s'il vous plaît *par Jean-Marc Jancovici et Alain Grandjean*
S175. Trop belles pour le Nobel, *par Nicolas Witkowski*
S176. La Symphonie des nombres premiers, *par Marcus du Sautoy*
S177. La Guerre secrète des OGM, *par Hervé Kempf*
S178. Viande froide cornichons, *par Édouard Launet*
S179. Malicorne, *par Hubert Reeves*
S180. Un éléphant dans un jeu de quilles *par Robert Barbault, Fondation Nicolas Hulot*
S181. Le Guide du chasseur de nuages, *par Gavin Pretor-Pinney*
S182. Mais qui mange les guêpes ?, *par New Scientist*
S183. Antilopes, dodos et coquillages, *par Stephen Jay Gould*

S184. Une histoire naturelle de la séduction, *par Claude Gudin*
S185. La Conjecture de Poincaré, *par George W. Szpiro*
S186. Le Messager des étoiles, *par Galilée*
S187. Pourquoi les manchots n'ont pas froid aux pieds ? *par New Scientist*
S188. De l'infini…, *par Jean-Pierre Luminet et Marc Lachièze-Rey*
S189. Sexe machin, *par Édouard Launet*
S190. Rien ne va plus en physique !, *par Lee Smolin*
S191. Chroniques du ciel et de la vie, *par Hubert Reeves*
S192. Comment fossiliser son hamster ? *par Mike O'Hare/New Scientist*
S193. C'est maintenant ! *par Jean-Marc Jancovici et Alain Grandjean*
S194. Terre de France, *par Charles Frankel*
S195. La Malédiction du cloporte *par Christine Coustau et Olivier Hertel*
S196. Cro-Magnon toi-même !, *par Michel Raymond*
S197. Dans la lumière et les ombres, *par Jean Claude Ameisen*
S198. Les ours blancs ont-ils le blues ?, *par New Scientist*
S199. L'Esprit et la Matière, *par Erwin Schrödinger*
S200. Chroniques des atomes et des galaxies, *par Hubert Reeves*
S201. L'Autobiographie, *par Charles Darwin*
S202. Le Renard et le Hérisson, *par Stephen Jay Gould*
S203. L'Effet Darwin, *par Patrick Tort*
S204. Les Démons de Gödel, *par Pierre Cassou-Noguès*
S205. Je n'aurai pas le temps, *par Hubert Reeves*
S206. Le ver qui prenait l'escargot comme taxi, *par Jean Deutsch*
S207. Au fond du zoo à droite, *par Édouard Launet*
S208. Pourquoi les éléphants ne peuvent pas sauter ? *par New Scientist*
S209. Codes, *par Pierre Berloquin*
S210. Et Dieu dit : « Que Darwin soit ! », *par Stephen Jay Gould*
S211. Terre de vignes, *par Charles Frankel*
S212. La Symétrie, *par Marcus du Sautoy*
S213. Petite géométrie des parfums, *par Brigitte Proust*
S214. Un monde sans hiver, *par Francis Hallé*
S215. Histoire populaire des sciences, *par Clifford D. Conner*
S216. Cybernétique et société, *par Norbert Wiener*
S217. L'École des suricates, *par Michel de Pracontal*
S218. Le Pouce du panda, *par Stephen Jay Gould*
S219. Là où croît le péril… croît aussi ce qui sauve *par Hubert Reeves*
S220. Une histoire de la biologie, *par Michel Morange (inédit)*
S221. Un iceberg dans mon whisky *par Nicolas Chevassus-au-Louis*
S222. Toxique planète, *par André Cicolella*